책세상문고·고전의 세계

동호문답
東湖問答

책세상문고 · 고전의 세계

동호문답
東湖問答

이이 지음
·
안외순 옮김

책세상

일러두기

1. 이 책은 이이의 《율곡전서栗谷全書》 가운데 권 4의 《동호문답東湖問答》을 완역한 것이다.
2. 이 번역본의 저본은 1749년(영조 25)의 판본에 《습유拾遺》 등을 보충하여 1814년(순조 14)에 중간重刊한 목판본을 1958년 성균관대 출판부에서 국판으로 영인한 《율곡전서》다.
3. 주는 모두 옮긴이주이며 후주 처리했다.
4. 기본적으로 의역을 피하고 직역을 했다. 단, 필요한 경우 옮긴이가 보충한 말이나 짤막한 설명은 ( ) 안에 넣었다.
5. 필요한 경우 한자를 병기하되, 음이 같은 경우는 바로 병기했고 음이 다르고 뜻만 같은 경우는 ( ) 안에 넣어 병기했다.
6. 맞춤법과 외래어 표기는 1989년 3월 1일부터 시행된 〈한글 맞춤법 규정〉과 《문교부 편수자료》를 따랐다. 단 중국 인명과 지명은 중국어 발음을 따르지 않고 우리 한자음대로 표기한 뒤 한자를 병기했다.

동호문답 | 차례

들어가는 말 | 안외순 7

제1장 군주의 길을 논하다 15
제2장 신하의 길을 논하다 23
제3장 좋은 군주와 좋은 신하가 만나기 어려움에 대해 논하다 31
제4장 우리나라에서 도학이 행해지지 않음에 대해 논하다 41
제5장 우리 조정이 옛 도를 회복하지 못함에 대해 논하다 45
제6장 금일의 시대 정세를 논하다 55
제7장 무실務實이 수기修己의 요체임을 논하다 63
제8장 간인奸人의 판별이 용현用賢의 요체임을 논하다 73
제9장 안민정책을 논하다 83
제10장 교육정책을 논하다 101
제11장 정명正名이 정치의 근본임을 논하다 113

해제 — 선조에게 올리는 청년 이이의 수기치인의 정치개혁 보고서 | 안외순 121

    1. 인간 율곡과 생애 123

        (1) 생과 사 123

        (2) 성장기 128

        (3) 관직 생활 129

        (4) 저술 세계 132

    2. 《동호문답》의 내용과 구성 136

    3. 조선 전기 수기치인의 정치학 142

        (1) 왕도정치의 관건: 정치 주체의 입지와 무실 142

        (2) 수기치인과 무실 145

            ㄱ. 수기와 무실 146

            ㄴ. 치인과 무실 148

    4. 선조 대 율곡 152

    5. 율곡과 한국 지성사: 도덕과 정치, 사람과 제도의 조화 158

주 162

더 읽어야 할 자료들 178

옮긴이에 대하여 182

들어가는 말

나는 1년이면 서너 차례 경기도 파주 율곡리에 있는 정자를 찾는다. 자유로를 지나 문산 어귀에서 빠져나와 군부대 사이를 구불구불 헤치고 지나다 보면 어느새 산자락 끝쯤에서 고즈넉한 정자 하나가 기다리고 있다. 화석정花石亭이다.

아무 생각 없이 정자 아래로 눈을 돌리면 몇 미터 아래 경계를 의미하는 철망이 있고, 철망 아래 산자락 절벽을 따라 푸른 강줄기가 길게 휘돌아 나간다. 임진강이다. 강 건너에는 작전용 도로와 군용 참호 등으로 정상까지 아무렇게나 파헤쳐진 산이 보인다. 형세가 마치 두발 검사에서 긴 머리가 적발되어 '바리캉'질을 당한 남학생 머리처럼 보기 흉하다. 그 바로 너머에 북녘 땅도 보인다. 손에 닿을 만큼 너무나 가까운 거리다. 여기저기 널린 무장 시설, 수시로 스치는 푸른 제복의 행군 대열…. 분단 국가 경계선 자락임이 생생하다.

그러나 시선을 산등성이 정자로 돌리면 전혀 다른 세상이다.

숲속 정자에 가을이 이미 깊으니	林亭秋已晚
쓸쓸한 나그네의 상념은 끝이 없구나.	騷客意無窮
멀리 물길은 푸른 하늘과 닿아 있고	遠水連天碧
서리 맞은 단풍은 붉은 해를 향하고 있네.	霜楓向日紅
산은 외로운 둥근 달을 토해내고	山吐孤輪月
강은 만 리의 바람을 머금었다네.	江含萬里風
변방의 저 기러기 어디로 가는지	塞鴻何處去
울음소리가 저무는 구름 속으로 끊어지누나.	聲斷暮雲中

한국 지성사에서 찬란한 빛을 발하는 율곡栗谷 이이李珥[1] (1536~1584)가 할아버지 손을 잡고 오르곤 하던 이곳에서 여덟 살 때 지었다는 오언율시五言律詩 〈화석정〉이다. 정자 현판에 씌어 있다. 늦가을 숲속 정자를 찾은 상념 많은 나그네, 하늘과 닿은 푸른 임진강 줄기, 붉은 저녁노을 해를 닮은 서리 맞은 단풍, 두둥실 외로운 달 하나를 토해내는 산등성이, 수만 리 먼 곳에서 바람을 몰고 오는 강, 저녁 구름 속으로 긴 여운 남기며 사라지는 변방의 기러기 울음소리.

여덟 살짜리 아이의 시상詩想이라고는 믿기지 않지만, 어쨌거나 지금의 이 나그네에게는 시가 정자의 풍경이나 정자를 둘러싼 자연의 풍광과 지독히도 그럴듯하게 여겨져 500년의 시간 간격도 무색하게 느껴지고 방금 전에 눈앞에 펼쳐지던 분단 현실의 정황들조차 낯설게 느껴진다. 말 그대로

'산천은 의구한데 인걸은 간 데 없는' 화석정에서 500여 년 전의 율곡과 한국 분단의 현장은 그렇게 조우하고 있다.

내 생각에는, 만약 율곡의 영령이 우리 후손들을 지켜보고 있다면, 강릉 오죽헌이나 파주 자운서원같이 잘 알려진 율곡 관련 유적지보다는 이 화석정에서 지켜보고 있을 것 같다. 평생을 조선 민족의 민생 문제와 안위를 위해 '시의변통時宜變通', 곧 '시대의 문제에 적합한 법과 제도의 개혁'을 위해 헌신했던 율곡의 정신세계를 볼 때, 그가 지금 너무나 평화스럽거나 관광지가 되어버린 다른 곳보다는, 지구상에서 마지막 분단 국민으로 살고 있는 후손들의 현장을 적나라하게 지켜볼 수 있는 이곳을 떠나지 않을 것 같아서다.

조선시대 정신세계의 특징을 들라면 무엇보다도 주자학朱子學을 꼽는다. 주자학은 중국 송나라 때 유학자 주희朱熹(1130~1200)를 중심으로 한 일련의 스승과 제자 집단이 성리학性理學이라고 하는 형이상학적 세계관과 수기치인修己治人이라고 하는 정치학의 영역을 확장하거나 심화함으로써 기존의 유교 이론을 재탄생시킨 유교의 신사조다. 주자학은 중국에서 태동했지만 중국보다 조선에서 더 심화되고 체계화되어 이후 500여 년 넘게 명실상부 '조선 주자학'이라는 독자적인 영역을 확보했다. 그 조선 주자학의 정점에 퇴계退溪 이황李滉(1501~1570)과 함께 율곡이 위치한다. 여말선초의 초기 신유학자들이 주자학 이념으로 조선을 건국했다면 16

세기의 율곡은 동시대 선배 학자인 퇴계의 수기론적 주자학에 힘입어 '수기치인의 조선적 주자학'의 확립에 성공함으로써 주자학을 비로소 조선 사회의 정통 학문으로 정립시켰던 것이다.

조선을 대표하는 사상가인 율곡은 동시에 16세기 조선을 대표하는 정치가이기도 했다. 그는 안민安民을 위해 현실 개혁을 주장한 사상가이자 현실에서의 경장更張과 변통變通을 통해 국가의 법과 제도를 재정비하고자 한 정치가였다. 이러한 그의 위상은 성리학(형이상학론적 철학)만이 아니라 수기론修己論(윤리론), 경세론經世論(사회경제론), 성학론聖學論(군주론 혹은 성인론) 등 주자학의 주요 분야를 총망라하여 자신의 학문 세계를 구축하고 체계화하는 작업 과정과 함께 정립되었다.

나는 이러한 율곡의 지적 세계를《동호문답東湖問答》이라는 소책자를 통해 독자들에게 소개하고자 한다.《동호문답》은 율곡이 선조 2년(1569), 그의 나이 34세 때 지은 저술이다. 조선시대에도 지금의 대학 교수들에게 주어지는 연구년과 같은 연구 휴가 제도가 있었다. 문신들 가운데 젊고 유능한 이들을 선발하여 일정 기간 정무를 떠나 학문에만 전념하도록 하는 이른바 '사가독서賜暇讀書'제도였다. 사가독서의 혜택을 받은 사람들은 한강 어귀에 있던 독서당이라는 별장에서 연구 휴가를 마친 후 월과月課, 곧 과제를 제출하도록

되어 있었다. 《동호문답》은 지금의 옥수동 부근 한강 나루에 있었던 '동호독서당東湖讀書堂'[2]에서 한 달여의 사가독서를 마친 율곡이 왕위에 오른 지 만 2년여밖에 안 된 새 군주 선조에게 월과로 제출한 글이다. 결국 《동호문답》은 젊은 관료 율곡이 청년 군주 선조에게 새 정치를 희망하며 자신의 개혁 포부를 펼친 정치 개혁서인 셈이다.

선조는 율곡이 올린 《동호문답》을 읽고 다음과 같은 반응을 보였다고 《선조실록》은 전한다.

이이가 독서당에서의 월제月製로 군주의 학문하는 방법과 정치하는 도리를 문답체로 진술했는데, 《동호문답》이라 했다.
군주(선조)께서 이이에게 물었다.
"《동호문답》에서 어찌하여 한漢 문제文帝를 자포자기한 인물로 묘사했소?"
이이가 대답했다.
"한나라 문제는 참으로 훌륭한 군주입니다. 그럼에도 신이 그를 자포자기한 군주라 말한 것은 제 나름의 뜻이 있습니다. 선학先學들이 말씀하기를 '만약 가장 훌륭한 일을 할 수 있는데도 다른 사람에게 양보하고 차선을 택한다면 이것이 곧 자포자기한 것이다'라고 했습니다. 한나라 문제는 분명 자질이 훌륭한 군주였고 게다가 한나라의 도가 전성기였기에 옛 법도를 회복할 수 있었습니다. 그러나 문제의 뜻이 높지 못하여 잡스러운 패도정치에 그치고 말았습니다. 그러므로 신은 그가 자포자기했다고 말하는 것입니다."3

사실 이 대화에는 이후 선조와 율곡의 관계를 암시하는 의미심장한 질문과 답변이 들어 있지만 이에 대해서는 나중에 해제를 통해 살펴보기로 하고, 나는 우선 군신 간의 이러한 대화 모습만으로도 독자들이 《동호문답》에 흥미를 느낄 것이라고 생각한다. 읽는 데 서너 시간은 족히 걸릴 신하의 책자를 읽을 뿐만 아니라 자신의 생각과 다른 점에 대해 솔직하게 반론하는 군주 선조의 태도, 그리고 선조의 반론에도 불구하고 여전히 자신의 소신을 굽히지 않고 재주장하는 신하 율곡의 자세는 오늘날의 정무 보고에서도 쉽게 떠올릴 수 있는 일은 아닐 것이기에 말이다.

각설하고, 이제부터 이기성정론理氣性情論의 성리학을 제외한 율곡 주자학의 초기 전모, 곧 성학론, 수기학, 경세학의 기본적인 성격을 모두 담고 있는 《동호문답》을 독자들이 직접 확인하는 시간을 갖기로 하자. 나는 독자들이 《동호문답》을 끝까지 다 읽고 날 때쯤이면 유교는 물론 주자학, 그리고 조선 주자학이 왜 그토록 오랜 시간 동안 동아시아 문화권의 사유 세계를 지탱하는 정신적 토대가 될 수 있었는지, 나아가 이런 정신적 토대에 있어서 가장 철저했던 조선의 유학자들이 왜 서구 근대 문명에 대항해 끝까지 유교 문명을 보수하고자 했는지를 이해할 수 있으리라 확신한다.

옮긴이 안외순

제1장

군주의 길을 논하다

論君道

동호東湖의 손님이 주인에게 물었다.

"옛날이나 지금이나 치세治世와 난세亂世가 없을 수 없는데, 어떻게 하면 치세가 되고 어떻게 하면 난세가 됩니까?"

주인 치세도 두 경우가 있고, 난세도 두 경우가 있소.

손님 무슨 말씀이신지요?

주인 군주(人君)의 재능과 지혜가 출중하여 뛰어난 영재들을 잘 임용할 수 있으면 치세가 될 것이고, 비록 군주의 재능과 지혜가 모자란다 하더라도 현자를 임용할 수만 있으면 치세가 될 것이오. 바로 이것이 치세가 되는 두 가지 경우라오. 그러나 군주가 (재능과 지혜가 출중할지라도) 자신의 총명만을 믿고 신하들을 불신한다면 난세가 되지요. 또 군주가 (재능과 지혜가 부족하여) 간사한 자의 말만을 편중되게 믿어 (자신의) 귀와 눈을 가린다면 난세가 되지요. 바로 이것이 난세가 되는 두 가지 경우라오.

그런데 이 두 가지 치세는 다시 두 차원으로 나누어진다오. 인의仁義의 도道를 몸소 실천하고, 남에게 차마 어쩌지 못하는 정치[不忍人之政: 인정仁政]를 행함으로써 천리天理의 바름을 지극히 하는 것은 왕도정치[王道]이고, 인의의 이름만 빌리는 정치를 행하여 권모술수로 공리功利의 사익만 채우는 것은 패도정치[覇道]라오.

나아가 두 가지 난세에는 세 차원이 있소. 속으로는 많은 욕심 때문에 마음이 흔들리고 밖으로는 유혹에 빠져서 백성들의 힘을 모두 박탈하여 자기 일신만을 받들고 신하의 진실한 충고를 배척하면서 자기만 성스러운 체하다가 자멸하는 자(군주)는 폭군暴君의 경우이지요. 정치를 잘해보려는 뜻은 가지고 있으나 간사한 이를 분별하는 총명함이 없는 탓에 신뢰하는 자들이 어질지 못하고 등용한 관리들이 재주가 없어서 [나라를] 망치는 자는 혼군昏君의 경우이지요. 심지가 나약하여 뜻이 굳지 못하고, 우유부단하여 구습만 고식적으로 따르다가 나날이 쇠퇴하고 미약해지는 자는 용군庸君의 경우이지요.

손님 선생의 말씀대로 그렇습니다. 그런데 옛사람 가운데 실제로 그런 경우가 있습니까?

주인 있지요. 옛날 오제五帝[5]와 삼왕三王[6]은 총명하고 예지로운 자질을 소유하고서 천명天命을 받드는 군사君師[7]가 되었는데 백성을 다스리심에 있어 쟁탈을 잠재우고 양민養民으로서 부유하고 번성하게 만든 후에 이륜彛倫[보편적인 윤리]

으로 교육을 시행했지요. 그러했기에 칠요七曜[8]가 제 궤도를 따르고 오징五徵[9]도 순조로워졌으며 천지天地를 따라 인륜의 표준(人極)도 확립되었소. 바로 이분들이 이른바 '재능과 지혜가 출중하여 왕도정치를 행한 군주들'이지요.

상商의 태갑太甲[10]과 주周의 성왕成王[11]은 자질이 오제·삼왕에 미치지 못했지요. 만약 성스러운 신하의 도움이 없었다면 법률과 제도가 전복된다 한들 누가 구제할 수 있었겠소. 필시 결국은 참소하는 사람들이 서로 난을 일으켰을 것이오. 그러나 태갑은 이윤伊尹[12]에게 정사를 맡겼고, 성왕은 주공周公[13]에게 정사를 맡김으로써 덕을 기르고 닦아 결국 대업을 계승했지요. 바로 이분들이 이른바 '현자를 임용하여 왕도정치를 행한 분들'이지요.

진晉 문공文公[14]은 한 차례의 전쟁으로 패업을 성취했고, 진의 도공悼公[15]도 세 번 출정하여 초楚를 굴복시켰소. 한漢 고조高祖[16]는 5년 만에 황제의 대업을 성취했고, 문제文帝[17]도 현묵玄黙 정책[18]으로 형조刑措를 이루었소. 당唐 태종太宗[19]도 패업을 결정지음으로써 태평을 이루었고, 송宋 태조太祖[20] 또한 오계五季[21]의 난세를 이어받았지만 혼란을 평정했소. 이들 여러 군주들은 재능이 난세를 평정하기에 충분했고 지혜 또한 인재를 등용하기에 충분했지요. 다만 아쉬운 점은 선왕의 도를 몸소 행하고 마음으로 체득·회복하지 못하여 (백성들을) 부유하게는 했으나 교화를 이루었다는 말은 듣지 못했다는 점이오. 따라서 바로 이들이 이른바 '재능과 지혜가 특출했지만 패도정치를 행한 군주들'이지요.

제齊 환공桓公[22]의 경우는 음악 소리와 미녀들이 눈과 귀에서 떠날 줄 몰랐고, 한漢 소열昭烈[23]은 전쟁을 치르느라 말안장 위에서 엉덩이 살이 여위었소. 만약 그들에게 현명하고 지혜로운 선비의 보좌가 없었다면 환공도 영군슈君이 될 수 없었을 것이고, 소열 또한 한 치 땅조차 가지기 어려웠을 것이오. 하지만 환공은 관중管仲[24]을 등용했고, 소열은 제갈량諸葛亮[25]을 등용할 줄 알았소. 그랬기에 전자는 제후들을 규합하여 천하를 바로잡는 공을 성취했고, 후자는 한중漢中·서천西川을 점유하여 유씨劉氏 왕조의 천명을 지속시킬 수 있었던 것이지요. 다만 관중이 성현聖賢의 도를 알지 못했기에 그 자취가 신불해申不害[26]나 한비자韓非子[27] 같은 풍습을 벗어나지 못하고 공적 또한 그쯤에서 그쳤을 뿐이오. 바로 이들이 이른바 '현명한 이를 임용하여 패도정치를 행한 이들'이오.

손님 난세에 이른 군주에 대해서도 들을 수 있겠습니까?

주인 하夏의 걸桀,[28] 상의 주紂,[29] 주의 여왕厲王,[30] 수隋의 양제煬帝[31] 등은 모두 재능이 없었던 것이 아니나 좋지 못한 데 사용하고 지혜가 없었던 것이 아니나 간언을 기각시키는 데만 사용하면서 독부獨夫[32]의 위엄을 세우느라 온 나라 백성들의 힘을 모두 탕진하여, 하늘이 노하고 백성들이 원망하여 마침내 천하 사람들로부터 죽임을 당했소. 이 사람들이 바로 '자기의 총명만을 믿은 폭군들'이지요.

진秦의 이세二世33는 간사한 조고趙高34를 믿다가 6국의 군대35를 출동케 했고, 한漢의 환제桓帝36는 환관의 참소를 믿고 천하의 현자들을 금고禁錮시켰소. 이 두 군주는 현자를 등용하거나 간사한 이를 물리치는 것을 싫어하지는 않았지만 지혜가 부족한데다가 탐욕스럽고 잔혹하기까지 하여 간신들이 간사한 술책을 부리도록 내버려두었지요. 바로 이런 사람들이 '간사하고 아첨하는 자들만을 편애하여 믿은 폭군들'이오.

당의 덕종德宗37은 의심과 시기심이 심해 인자와 현자들을 임용하지 않고 혼자서 권력을 휘두르는 일이 많았소. 자신의 총명에 한계가 있음을 깨닫지 못하다가 위급해져서야 충언을 들었으며, 그러다가도 평안해지면 다시 곧은 선비를 멀리했기에 소인배들이 그 틈을 타고 유혹할 경우 쉽게 빠져들었소. 바로 이런 군주가 '자신의 총명함을 과신한 혼군'이지요.

송의 신종神宗38은 유위정치〔유위有爲: 큰 대업을 이루는 정치〕의 뜻을 크게 발하여 삼대三代〔하·은·주〕의 정치를 회복하고자 했소. 그러나 왕안석王安石39에게 빠져서 그의 말이라면 모두 따르고 그의 정책이라면 모두 채택하여 재리財利를 인의仁義로 알고, 형법전서를 《시경詩經》,《서경書經》으로 알았지요. 〔이런 까닭에〕 사악한 이들이 뜻을 이뤄 날뛰는 반면 현자들은 자취를 감춰 백성들에게 그 해독이 미쳤고 전란의 조짐까지 야기했소. 바로 이런 사람들이 '혼군 가운데 간사하고 아첨하는 무리들에 빠진 자'들이오.

주의 난왕赧王,[40] 당의 희종僖宗,[41] 송의 영종寧宗[42] 등은 무기력하고 나태하여 세월만 보내면서 한 가지 폐정도 개혁하지 못하고 한 가지 선책도 제출하지 못한 채 팔짱만 끼고 묵묵히 앉아서 나라가 망하기만 기다리고 있던 자들이라오. 바로 이들이 모두 '보잘것없는 용군'들이지요.

손님 당 덕종과 송 신종은 모두 강단이 있고 자립적이었던 군주들인데 선생께서는 어찌하여 혼군들이라고 하십니까?

주인 군주의 밝음은 바름에 있지 총찰聰察에 있지 않습니다. 저 두 군주 또한 어리석고 유약하지는 않았으나 옳은 이와 그른 이를 혼동하여 등용과 배척이 전도되었으니 혼군이 아니고 무엇이겠소.

이상 군주의 길을 논하다.

제2장

신하의 길을 논하다

論臣道

손님 선비[士]라면 이 세상에 태어나 경국제민[經濟][43]에 뜻을 두지 않는 이가 없을 것입니다. 그러나 그렇다면 뜻과 행동이 모두 한결같아야 할 텐데 어떤 이는 출사하여 겸선兼善하고 어떤 이는 물러나 자수自守하니[44] 무슨 까닭입니까?

주인 선비라면 겸선이 본래의 목적이지요. 물러나 자수하는 것이 어찌 본심이겠소. 다만 때를 만나고 만나지 못해 그럴 뿐이지요.

출사하여 겸선하는 것에는 세 가지 품격이 있습니다. 스스로 도덕을 체득하여 추기급인推己及人[45]함으로써 당대 군주를 요堯[46]·순舜[47]과 같은 임금으로 만들고, 당대 백성을 요·순의 백성들로 만들며, 오로지 정도正道에 의해서만 군주를 섬기고 수신하는 자가 있습니다. 이를 '대신大臣'이라 하지요.

오직 나라만을 걱정하여 자신을 돌보지 않고 진심으로 군주를 섬기고 백성을 보호하며, 비록 정도의 차이는 있을지언정 순조로운 때든 어려운 때든 가리지 않고 정성을 다해 사직을 편안하게 하는 자가 있소. 이를 '충신忠臣'이라 하지요.

어떤 자리를 맡으면 그 직분을 생각하고 임무를 맡으면 효과를 생각하여, 비록 인물의 그릇이 나라를 다스리기에는 부족하더라도 간사의 재주를 가져서 특정 직무를 감당할 만한 자가 있소. 이를 '간신幹臣'이라 하지요.

대신이 군주다운 군주를 만나면 삼대의 정치를 회복할 수 있고, 충신이 국사를 담당하면 적어도 위망의 화는 면할 수 있으며, 간신에게는 유사有司를 맡기는 것은 가능하지만 큰 임무를 맡겨서는 아니 되오.

물러가서 자수하는 데도 세 가지 품격이 있지요. 불세출의 보배 같은 재주를 품고 한 시대를 구제하는 포부를 온축蘊蓄하고서 도를 즐기며 궤 속의 구슬을 살 사람을 기다리는 자가 있소. '천민天民〔하늘 백성〕'이지요.

스스로 배움이 부족함을 헤아려 학문의 진전을 추구하고, 자신의 재질이 우수하지 못함을 알아서 재능의 향상을 추구하며, 수양하며 때를 기다리면서 경솔하게 나서지 않는 자가 있습니다. '학자學者'지요.

고결하고 청개淸介하여 천하의 일을 탐탁지 않게 여기면서 초연하게 숨어서 세상사를 잊고 사는 자가 있습니다. '은자隱者'지요.

천민이 때를 만나면 천하의 모든 백성들이 그 은택을 입게 되지요. 학자와 같은 이는 좋은 시절을 만나더라도 스스로

도에 대해 진실로 확신하지 못하면 가볍게 출사하지 않는다오. 은자는 은둔에만 치우쳐 있으니 '시중時中의 도'⁴⁸가 아니지요.

손님 선생께서 말씀하신 유형의 선비들 가운데 실제로 옛날에 그것을 추구했거나 실천한 사람이 있습니까?

주인 있지요. 고요皐陶⁴⁹·기夔⁵⁰·직稷⁵¹·설契⁵² 등이 요〔唐〕·순〔虞〕을 보좌했고, 중훼仲虺⁵³·주공·소공召公⁵⁴ 등이 상나라 군주와 주나라 군주를 보좌했지요. 이분들이 이른바 '대신'들이오.

영무자甯武子⁵⁵는 군주를 구제했고, 제갈량은 역적을 토벌했으며, 적인걸狄仁傑⁵⁶은 반정反正을 했고, 사마광司馬光⁵⁷은 폐정을 개혁했소. 이분들이 이른바 '충신'이지요.

조과趙過⁵⁸는 농정에 유능했고, 유안劉晏⁵⁹은 이재에 밝았으며, 조충국趙充國⁶⁰은 이민족을 방어하는 데 유능했고, 유이劉彛⁶¹는 수리 사업에 유능했소. 이들이 이른바 '간신'이지요.

이윤이 유신有莘에서 밭갈이를 하고, 부열傅說⁶²이 부암傅巖에서 막노동을 하며, 강태공⁶³이 위수渭水에서 낚시를 할 적에는 이 세 사람 모두 세상에 뜻이 없는 듯했습니다. 그러나 이들은 성군聖君을 만나자 큰 공적을 쌓았습니다. 이분들이 바로 '천민天民'으로서 그 도를 행한 분들이니, '천민의 도'가 바로 '대신大臣의 도'입니다.

주렴계周濂溪⁶⁴는 남강南康에서 노닐었고, 정명도程明道⁶⁵는 하남河南에서 말직만을 맡았으며, 정이천程伊川[66]은 부릉涪陵에서 귀양살이를 했고, 소강절邵康節[67]은 낙양洛陽에서 가난하게 살았으며, 장횡거張橫渠[68]는 관내關內에서 《예기禮記》를 강의했고, 주회암朱晦菴[69]은 민중閩中에서 사관祠官[70]을 지냈다오. 이 몇몇 사람은 탁월하게 큰 도와 덕을 품고 있었으나 때를 만나지 못했소. 이분들이 '천민으로서 도를 행하지 못한 분들'이지요.

신문晨門[71]이 문지기 노릇을 한 것, 접여接輿[72]가 거짓으로 미친 척한 것, 장저長沮[73]와 걸익桀溺[74]이 밭갈이를 한 것은 모두 과감하게 세상을 잊은 경우지요. 이들이 이른바 '은자'들이라오. 부자夫子〔공자〕께서 새나 짐승과 함께 사는 것을 탄식하신 것[75]이 바로 이런 사람들을 지적한 것이오.

〔그러나 은자들과 달리〕학자가 벼슬하지 않는 것은 시대가 마땅치 못해서도 아니요, 은둔 생활을 숭상해서도 아니라오. 도에 대한 배움이 부족함에도 먼저 일부터 행한다면 그것은 유능한 목수 대신 서투른 솜씨의 목수가 나무를 자르는 식이어서 손을 다치기 쉬운 법과 같은 것이오. 빛을 감추고 수신하면서 연장을 익힘은 자벌레가 몸을 한 자 굽혔다가 나중에 더 크게 펴는 것과 같지요. 옛날 유자儒者들 가운데 이에 해당하는 사람들이 많다오. 선생이 굳이 그 이름을 듣고 싶다면 칠조개漆雕開[76] 같은 사람이 대표적일 것이오.

손님 충신이 군주를 섬기는 경우에는 도를 행하지 않는 일이 없었을 텐데 선생께서 정도正道에서 모자라거나 넘치는 일이 있는 것처럼 말씀하시니 어찌 된 것입니까?

주인 선생이 어찌 이른바 도道라는 것을 알겠소. 이 도라는 것은 이윤이나 강태공 수준이 아니면 들을 수 없는 것이니 어찌 충신이 감당할 바겠소. 제갈량과 적인걸 같은 사람들은 비록 충성심 면에서는 해를 뚫을 만했고 사직 역시 그들에게 도움을 받았지만, 성현의 도를 기준으로 헤아려본다면 한 자를 굽혀서 한 길을 곧게 펴는 일77을 행하는 것에 지나지 않았기에 공리를 계산하고 탐하는 일이 많았던 것이지요. 그러니 어찌 모자라거나 넘치는 일이 있다고 말하지 않겠소.

이상 신하의 길을 논하다.

제3장

좋은 군주와 좋은 신하가 만나기 어려움에 대해 논하다
論君臣相得之難

손님 삼대 이후 왕도정치를 행한 이가 없는 것은 무슨 까닭입니까?

주인이 개탄하면서 말했다.

"도학道學[78]에 밝지 못하고 그것을 실천하지 못하는 것이 원인이지요. 한나라 이후로는 대위大位(군주 자리)에 오른 자가 도학이 무엇인지 모른 채 오직 지식에만 의존하여 미봉책으로 천하를 붙들어 세월이 가기만을 기다리면서 적막하게도 수천 년 동안 오직 긴긴 밤을 보내는 것처럼 했기 때문이지요. 정자程子[79]께서 '주공이 죽은 뒤 백세百世 동안 좋은 정치가 없었다'[80]고 하셨으니 과연 이 말이 옳다고 생각된다오."

손님 한나라 이후에도 글 읽는 사람이 없지 않았을 것 아닙니까? 그렇다면 이른바 '도학'이란 무엇을 배우는 것입니까?

주인 비루하구려, 선생의 말이! 도학이란 '격물치지格物致

知로 선善을 밝히고 성의誠意, 정심正心으로 수신하는 것'81으로 도학이 자신에게 쌓이면 천덕天德[자연적인 본성]이 되고, 정치에 시행되면 왕도정치가 되지요. 독서는 격물치지하는 방법 가운데 하나에 지나지 않으니 독서만 하고 실천이 없으면 앵무새가 말 잘하는 것과 무엇이 다르겠소. 양梁의 원제元帝82 같은 이는 만 권 이상의 책을 읽었지만 결국 위魏의 포로가 되고 말았지요. 어찌 이것을 도학이라고 말할 수 있겠소.

손님 삼대 이후 도학하는 군주야 전혀 없었다 하더라도 어찌 도학하는 선비조차 없었다 말하십니까?

주인 어찌 그런 선비가 없었겠소. 다만 군주가 그런 선비를 너무 이상적이어서 실정에 맞지 않는다고 의심하여 등용하지 않았다는 말이지요. 도학하는 선비를 '진유眞儒'라 하는데, 맹자孟子83 이후 진유가 출현하지 않다가 1,000여 년이 지나서야 주렴계 선생이 나옴으로써 미묘한 진리를 발양했고, 정자, 주자가 그것을 계승한 후에야 이 도학이라는 것이 세상에 크게 밝혀져서 중천에 솟아오른 태양과 같은 존재가 되었지. 그런데도 송나라 군주들이 도학을 알지 못해 이 위대한 현인들을 미관말직에 버려두고 백성들이 그 혜택을 입지 못하도록 만들었으니 한탄스러울 따름이오.

손님 한·당 이후 공명정대함을 이루고자 하는 군주가 없지 않았을 터인데, 어찌 그들 모두가 진유를 알아보지 못했습니까? 단지 서로 만나지 못해서 그러했겠지요?

주인 후세의 군주 가운데 어느 군주가 진유를 등용했다고 할 수 있겠소. 나는 모르겠으니 선생이 말해보시오.

손님 한의 고조는 어떻습니까?

주인 군자라면 필시 군주가 예禮를 극진히 공경한 후에야 출사하는 법이지요. 그런데 저 한 고조는 본래부터 거만하고 무례하여 그가 심복으로 삼은 자들은 모두 공명과 부귀에 뜻을 둔 자들뿐이었소. 진유라면 어찌 걸터앉은 채로 발을 씻으면서 만나주는 모욕을 감수할 것이며,[84] 한신韓信[85]·영포英布[86]의 처지로 자신을 더럽히겠소.

손님 문제文帝는 어떻습니까?

주인 문제는 자포자기自暴自棄[87]한 군주라오.

손님이 크게 놀라면서 말했다.

"문제는 천하의 현군賢君인데 자포자기한 군주라 하심은 무슨 까닭입니까?"

주인 물론 삼대 이후 천하의 현군 가운데 문제와 같은 이조차 없는 것이 사실이지요. 그러나 그가 뜻하는 바는 저열하고 무식해서 '반드시 옛날의 도의 정치를 회복해야 할 필요는 없다'라고 하면서 안일에 빠져 근근이 양민養民[88]만을 행했으니, 옛 도를 회복하지 못하는 것은 사실 문제에서 시작되었다고 할 수 있지요. 따라서 문제와 같은 사람은 요·순의 도에 들어갈 수 없는 사람이지요. 이것이 자포자기가 아니고 무엇이오. 아마 그가 진유를 만났더라도 등용하지 못했을 것이오.

손님 그렇다면 무제武帝[89]는 어떻습니까?

주인 무제의 경우 속으로는 욕심이 많으면서 겉으로만 인의仁義의 정치를 베풀었지요. 이른바 그의 '인의 정치'라는 것은 모두 겉치레와 허례만 숭상하여 보기만 아름답게 꾸몄을 뿐 성심으로 도를 신뢰하는 것은 아니었지요. 동중서董仲舒,[90] 급암汲黯[91] 같은 사람들조차 등용하지 못했는데 하물며 진유를 등용할 수 있었겠소.

손님 광무제光武帝[92]는 어떻습니까?

주인 광무제의 그릇은 한고조에도 미치지 못하지요. 자기만 잘난 체하여 삼공三公[93]에게조차도 정치를 맡기지 않았다오. 그러니 그가 진유를 믿고 등용할 수 없었으리라는 것은 충분히 짐작 가능한 일이지요.

손님 명제明帝[94]는 어떻습니까?

주인 명제는 사람됨이 작아서 온갖 자잘한 것을 직접 살피니 군주의 도량이 아니었지요. 그가 '벽옹辟雍[95]에서 노학자들에게 절했던 것'[96]은 형식적으로만 그런 것이니 그가 어찌 진유를 알아보았겠소. 호교胡敎(불교)를 처음으로 숭상하여 만세의 끝없는 걱정거리를 열어놓은 것만 봐도 알 수 있지요. 그러니 그가 어찌 유위지치有爲之治를 성취하는 군주가 될 수 있었겠소.

손님 당 태종은 어떻습니까?

주인 당 태종은 아비를 위협하여 병력을 동원했고, 형을 죽여 황제 자리를 빼앗았으며, 아우의 아내와 간통하는 등 그 행위가 개나 돼지 같았소. 설사 태종이 진유를 등용하려 했더라도 진유라면 어느 누가 태종의 신하가 되려 했겠소.

손님 송 태조는 어떻습니까?

주인 송 태조는 주周나라 세종世宗[97]의 총애를 받는 신하였음에도 불구하고 진교陳橋의 변란[98] 때 부하 군졸에게 협박을 당하자 결국 왕위를 찬탈하는 역신이 되고 말았지요. 그러니 진유라면 결코 쳐다보지도 않고 가버릴 것이오.

손님이 놀라면서 말했다.

"선생의 말씀대로라면 진유는 끝내 세상에서 등용되기 어려운 것 아닙니까?"

주인 만약 진유들이 소열昭烈을 만났다면 어느 정도 뜻한 바를 행할 수 있었겠지요. 소열이 제갈공명을 세 번 찾았던 당시 제갈공명은 미천한 신분에 나이 또한 젊었던 데 반해 소열은 지위도 높고 나이도 많았을 뿐만 아니라 제갈공명에 대해 이름만 들었을 뿐 자세히 알지도 못하는 처지였지요. 그럼에도 불구하고 소열은 두 번, 세 번 간곡한 자세로 부지런히 찾아갔으니 현인을 좋아하는 정성이 지극하지 않았다면 이렇게 할 수 있었겠소. 만일 제갈공명이 진정한 진유였다면 소열은 필시 그를 공경하고 신임했을 것이오. 그러므로 나는 후세의 군주들 가운데 오직 소열만이 진유를 등용할 수 있었을 것이라고 생각한다오.

무릇 유위지치를 이루려는 군주라면 반드시 공경하고 신뢰하는 신하가 있기 마련이라오. 양자 사이의 친함이 부모 자식 사이와 같고, 물고기와 물이 서로 만난 것과 같으며, 궁宮·상商의 음률처럼 조화를 이루고, 계부契符(신표信標)처럼 부합해야 한다오. 이런 뒤에야 채택되지 않는 건의가 없고 행해지지 않는 도가 없으며 이루어지지 않는 일이 없는 것이지요. 요와 순 사이, 순과 우禹[99] 그리고 고요 사이, 탕과 이윤 사이, 무정武丁과 부열傅說 사이, 문왕과 태공 사이가 모두 이러했다오. 그리고 그만큼은 아니지만 다음 서열로 소열과 제갈량 사이가 그랬다고 할 수 있지요. 그러나 이후의 군주와 신하 관계는 한결같이 이들을 따라가지 못하지요.

손님 부견符堅[100]과 왕맹王猛[101] 사이, 당 태종과 위징魏徵[102] 사이 또한 서로 잘 만난 사이라고 할 수 있을 텐데, 선생께서 거론하지 않는 까닭은 무엇입니까?

주인 내가 '서로를 만났다'라고 말하는 것은 '서로가 올바른 도로써 신뢰하는 것'이 가능했던 경우를 이르는 것이라오. 그런데 부견은 오랑캐의 추장으로서 용렬한 무리들 가운데서는 좀 나은 인물이지만 그것조차 왕맹의 거짓된 힘으로 이루어진 것이라오. 이런 이유로 한 세대조차 정권을 유지하지 못했으니 거론할 만한 인물이 못 되지요. 당 태종은 명성을 좋아한 군주이고 위징은 명성 만들기를 좋아했던 신하로, 당대 세상에서는 서로 잘 만난 것처럼 속일 수 있었소. 그러나 위징은 살아서는 자신을 죽이려 하는 〔태종의 마음을〕 멈추게 하지 못했고 죽은 뒤에는 비석이 부서지는 모욕을 면하지 못했던 것이오. 이것이 어찌 양자가 진정으로 신뢰했던 사이라고 할 수 있겠소.

이상 좋은 군주와 좋은 신하가 만나기 어려움에 대해 논하다.

제4장

우리나라에서 도학이 행해지지 않음에 대해 논하다
論東方道學不行

손님 우리나라〔東方〕에도 왕도정치로 세상을 다스린 군주가 있었습니까?

  주인 문헌이 부족하여 고증하기 어렵지만, 기자箕子[103]께서 우리나라의 군주로 계실 적에 행한 정전井田제도[104]와 팔조법금〔八條之敎〕[105]은 필시 순수한 왕도정치의 산물일 것이오.[106] 그 후 삼국三國〔신라·고구려·백제〕이 정립했다가 고려高麗가 통일했는데, 그 과정을 상고해보면 오로지 지혜와 힘만으로 이기고자 했을 뿐이니 어찌 도학이 숭상할 만한 일임을 알았다고 할 수 있겠소. 비단 군주만 그랬던 게 아니오.

  신하들 가운데서도 진정한 지식과 실천으로 선정先正의 전통을 계승한 이가 있었다는 말을 듣지 못했소. 불교〔竺學〕에 잘못 빠져들거나 화복설禍福說에 홀려 저 유구한 천 년 동안 특출한 이가 전혀 없다가 고려 말엽 정몽주鄭夢周[107]가 유학자의 기상을 좀 지니고 있었으나 그 또한 학문적 성취는 이루지 못했으니 그의 행적을 더듬어볼 때 충신에 지나지 않는다고 하겠소.

　손님이 버럭 화를 내면서 말했다.
　"우리나라 수천 년 동안 한 사람의 진유도 없었다고 말씀하시니, 어찌 그리 기준이 높단 말입니까?"
　주인이 웃으면서 말했다.
　"선생이 나에게 질문했기에 내가 감히 바른대로 대답하지 않을 수 없었을 뿐인데 어찌 높은 기준의 논의를 즐긴다고 하시오? 이른바 진유라면 출사해서는 한 시대에 도를 행하여 온 백성으로 하여금 태평을 누리게 하고, 물러나서는 만세에 교화를 베풀어 배우는 자로 하여금 큰 잠에서 깨어나게 하는 자라오. 출사해서 도를 행하지 못하고 물러나서 교화를 베풀지 못했다면 (남들이) 비록 진유라 하더라도 나는 곧이듣지 않을 것이오. 기자 이후 본받을 만한 좋은 정치가 없었으니 이것이 출사하여 도를 행한 자가 없었다는 증거지요. (또한) 우리나라 사람의 저술 가운데 의리義理에 밝은 것을 볼 수 없으니 이것은 물러나서 교화를 베푼 자가 없었음을 증명하는 것이지요. 내가 망령되이 백 세 전의 사람들을 놓고 무고한 말을 할 까닭이 어디에 있겠소."

　이상 우리나라에서 도학이 행해지지 않음에 대해 논하다.

제5장

우리 조정이 옛 도를 회복하지 못함에 대해 논하다
論我朝古道不復

손님 지나간 일에 대해 말해봐야 소용없으니 오늘날의 일에 관해서나 말씀하시지요.

주인 그러지요.

손님 지금 성상聖上〔선조대왕〕108께서 재위에 계시고 많은 현자들이 조정에 포진하고 있어 백성들이 기뻐하면서 태평성대를 바란 지 벌써 3년이 되어갑니다. 그런데도 민생은 곤궁하고 풍속도 야박하고 거칠며 기강 또한 바로잡히지 않아 선비들의 품행이 바르지 못한 것은 추호의 변화가 없습니다. 그런데다가 천심天心이 노하여 홍수와 가뭄이 불시에 닥치고 일식과 월식이 나타나며 별자리도 변괴를 부리고 있습니다. 그 까닭이 무엇인지요?

주인이 한참 동안 이마를 찌푸리고 있다가 말했다.
"쉽게 말할 수 없소."

손님 그래도 한번 말씀해주십시오.

주인 그렇다면 내가 선생을 위해 극단적으로 근원까지 소급하여 말해보도록 하지요.

우리의 태조太祖109께서는 왕씨王氏〔고려 왕조〕가 쇠망하자 신비한 무예로 왕운王運을 이어받으신 군주셨소. 또 그 정통을 계승한 군주 중에 세종世宗110이 계셨지요. 세종 같은 성군은 고려 왕조에는 없었소. 나라를 편안하게 하여 비 내리는 날과 화창한 날이 공평했고, 유교儒敎를 숭상하고 도를 중하게 여겨 인재를 육성했으며, 예악禮樂을 제정하여 후손에 모범이 되셨으니, 우리나라의 정치가 이때부터 융성해져서 오늘날까지 세종께서 남긴 은택이 뻗쳐 끊이지 않고 있으니, 우리나라 만년의 복조福祚가 세종 임금 때부터 비로소 기틀을 잡았다고 할 수 있지요. 그러나 다만 한 가지 유감스러운 것은 위에 이와 같이 요·순과 같은 군주가 계셨으나 아래에 후직后稷이나 설契과 같은 신하가 없었다는 점이오. 허조許稠111나 황희黃喜112 같은 분들이 당시 선비들 가운데 뛰어난 사람들이긴 했지만 선왕의 도를 밝히는 것으로 군주를 보좌한 신하는 한 명도 없었소. 그리하여 백성들이 조금 부유해지고 인구가 늘어나는 것에 그쳤을 뿐 세도世道113는 끝내 상나라나 주나라에 비해 부끄러운 상태였지요. 지사志士들의 한탄도 여기에서 시작되었지요.

〔그 뒤를 이은〕 문종文宗114께서 일찍 돌아가시는 바람에 그

은택이 결말을 보지 못하고 왕위가 성종成宗[115]께 전해졌지요. [성종은] 그 영특함과 슬기로움이 우리나라에서 천 년에 우뚝 솟아오를 만큼 참으로 성스러운 주상이셨지요. 그러나 당시 나라의 대신들이 용렬하고 무식하여 경연經筵 석상에서 자신의 생각을 논할 적에 '성정性情에는 마음이 없다'라는 말까지 할 정도였으니 무엇을 더 바랄 수 있었겠소. 당시 상당히 오랫동안 태평시대가 계속되어 나라가 부유하고 백성도 넉넉했는데 대소 신료들이 국사는 생각하지 않고 온통 유희에만 뜻을 두어 방탕하고, 사치를 좋아하고 검소를 싫어했으며, 주체적이지 못하고 부화뇌동하기만을 즐겼지요. 그랬기 때문에 유위지치의 군주를 만났음에도 불구하고 결국 융성한 치세를 이루지 못했으며, 유풍流風·유속遺俗의 폐단이 지금까지 미치고 있는 것이오. 그리하여 당시 지사들이 다시 개탄하게끔 되었다오.

중종中宗[116]께서는 연산군燕山君[117]의 잔학한 정치를 이어 보위에 오르셨으나 정신을 가다듬고 평치를 도모하여 정성껏 있는 힘을 다해 현인들을 찾고자 노력하셨소. 그 결과 기묘년(1519)에 조광조趙光祖[118] 같은 분이 있게 되었지요. 그는 성리학으로 군주의 각별한 사랑과 예우를 받았는데 군주를 부모처럼 사랑하고, 자기를 버리고 나라를 생각했으며, 사방의 인재들을 초청하여 군주의 슬기를 넓혀 시원하게 세도를 만회하여 삼황오제三皇五帝의 자취를 따르겠다는 뜻을 지니고 있었지요. 그 결과 유림들이 떨쳐 일어나고 백성들도 우러러보아 태평시대의 실질적인 업적이 머지않아 실현되리라 기대되었소. 그러나 애석하게도 조광조는 출세가 너무 일러 치용致用의 학문이 미처 대성하지 못한 상태였고, 같이 일하는 사람들 중에 충성스럽고 어진 이들이 많았던 만큼이나 유명세만을 좋아하는 자도 많았지요. 게다가 그의 주장이 너무 과격한데다가 점진적이지 못하여 격군格君[119]으로 기본을 삼기보다는 헛되이 형식만을 앞세우는 면이 있었소. 그것 때문에 간사한 무리들이 이를 갈며 기회만 엿보고 있었는데도 이를 미처 모르다가 한밤중에 신무문神武門[120]이 열리자 현인들이 한꺼번에 그물 하나에 모두 걸려들고 말았소.[121] 이때부터 선비들의 사기가 몹시 좌절되고 국맥도 거의 끊어지게 되었으니, 지사들의 개탄은 더욱 심해졌던 것이오.

하지만 본래 인심은 선한 것이고 공론公論은 말살하기 어려운 법. 남곤南袞[122]과 심정沈貞[123]의 기염氣焰이 식기 시작하자 바로 선비들의 청의淸議가 일어나 기묘년에 희생당한 현자들을 다시 높이고 숭상하게 되었으니 중종 말년에는 다시 학문하는 선비들이 조정에 많이 모이게 되었던 것이오.

당시 인종仁宗[124]께서는 동궁東宮에서 군주의 덕을 양성하고 계셨는데 인품이 훌륭하다는 평판이 일찍부터 만백성에게 전해져 〔백성들이〕 가뭄에 구름을 기다리는 것처럼 우러러 보던 차에 마침내 갑작스럽게 즉위하게 되시자 사방 백성들이 메아리치면서 기뻐했소. 상을 당하여 미음만 먹는 터라 얼굴이 까맣게 될 지경이었고 호령을 하지 않았는데도 행하신 덕화가 이미 우리나라 전역에 전해졌고 많은 현자들도 군주의 현명하심을 우러러 신뢰하여 삼대의 정치가 머지않아 회복되리라 믿었지요. 그런데 어찌 감히 생각이나 했겠소. 우리 군주를 하늘이 돌보지 아니하고 빼앗아 가리라는 것을! 이리하여 간사하고 음흉한 무리들이 당시 형세를 틈타 선량한 신하를 목 베고 반역자로 몰아 함정에 빠뜨렸으니 그때의 지식인들치고 을사사화乙巳士禍[125]를 면한 이가 없었을 정도로 나라를 망치고도 남았지요. 그래도 국운이 오래도록 이어온 것은 실로 앞선 조종祖宗들께서 쌓은 덕 때문이니 그나마 다행이지요. 지사들의 한탄이 이때 극에 달했지요.

명종明宗[126]은 아주 영특하고 조숙하여 전혀 실덕하시는 일이 없으셨소. 하지만 이기李芑[127]와 윤원형尹元衡[128]의 무리가 〔명종의〕 총명을 가리고 막아서 현자를 해치고 나라를 그르치니 충신이 침묵하고 길 가는 이들이 서로 만나도 눈으로만 아는 체한 것이 거의 20년이었다오. 그러나 다행히도 하늘이 군주의 마음을 이끌어 시비를 판별하게 되어서 윤원형이 죄를 받고 사림들이 일어나게 되었으니 엄동 뒤에 따뜻한 봄이 돌아오는 것 같았소. 하지만 사직이 불행하여 선왕께서 세상을 떠나셨으니, 모든 백성들이 아버지를 잃어버린 것같이 하고 온갖 신神들도 주인을 잃은 것처럼 했지요.

이에 우리 금상今上〔선조대왕〕께서 선왕의 유교遺敎를 공경히 계승하셔서 익실翼室〔별실〕에서 상주 노릇을 하신 다음 열성조들이 수탁하는 중임을 이어받아 귀신과 사람의 소망을 도와 성스러운 덕이 날로 밝아지고 군주의 직무를 빠짐없이 행하시니 이제야말로 진정 지사들이 유위의 정치를 펼칠 때라오.

그러나 지금 국가國家[129]의 형세는 기절한 사람이 겨우 소생만 한 상태라오. 따라서 아직 모든 맥脈이 고르지 못한데다가 원기도 회복되지 않아서 서둘러 약을 써야 살아날 가망이 있는 상태에 비유할 수 있다오. 그런데도 혹자는 약을 쓰지 말고 저절로 낫도록 기다리자 하고, 혹자는 좋은 약을 처방하기는 해야 하지만 무슨 약을 처방해야 할지 몰라 팔짱만 끼고 방관할 뿐 방책 하나 내놓지 못하고 있소. 이러다가는 큰 병치레 후 감기라도 들어 구제할 수 없이 위태로운 증후로 커져서 쉽게 사망하는 것과 같은 일이 벌어질 것이오. 국가의 형세가 이와 같이 위태로우니 고기를 먹는 사람들〔고위 관료〕이 정신을 가다듬고 구제 방안을 모색해야 하지 않겠소.

간사한 자들을 물리치고 현인을 등용하는 것은 오직 지난날의 폐단을 없애고 신령스러운 은택을 베풀어 민생을 구원하기 위해서지요. 그러나 지금은 그렇지 못하다오. 남곤, 김안로金安老,[130] 이기, 윤원형 등이 나라를 그르친 폐단들을 아직 다 씻어내지 못했고, 백성을 학대한 가혹한 법령도 아직 개혁되지 못했소. 그런데도 바야흐로 안일함을 즐기고 일하기를 싫어하니 밝게 세워진 바가 없음이 마치 조참曺參[131]이 소하蕭何[132]의 뒤를 이은 것과 같소. 온 나라를 들어서 서로 망각의 영역으로 넘기는 격이라는 말이오. 군자나 소인이나 이 점에 있어서는 한 치의 차이도 없으니, 이러고도 아래 백성들의 궁핍과 하늘의 노여움을 어찌 괴이하다 하겠소.

이상 우리 조정이 옛 도를 회복하지 못함에 대해 논하다.

제6장

금일의 시대 정세를 논하다

論當今之時勢

손님 오늘날에도 삼대의 정치가 과연 다시 구현될 수 있겠습니까?

주인 구현될 수 있고말고요.

손님이 크게 웃으며 말했다.

"어찌 그리도 큰소리치십니까? [선생 말씀대로라면] 왕도정치가 실행되지 않은 것이 한漢나라 때부터입니다. 하물며 지금 우리는 한나라 사람들보다도 훨씬 후대의 세상 아닙니까. 우리나라는 기자 이후로는 다시는 선정이 없었을 뿐만 아니라 요즈음의 풍속으로 말하면 전조前朝(고려 왕조)보다도 못하지 않습니까. 만일 소강小康[133] 사회를 이루고자 한다면 몰라도 왕도정치를 이루고자 하는 것은 처사가 큰소리치는 것과 같은 것 아니겠습니까?"

주인이 안타까운 모습으로 말했다.

"안타깝습니다. 우리 선생의 말이! 사마駟馬[네 마리 말: 빠른

말)가 이끄는 수레도 선생의 주장을 따라가지 못할 것이오. 선생의 말씀대로라면 천하는 필시 귀신 천지나 도깨비 천지로 전락하고 말 것이오.

〔이 땅에서〕왕도정치가 행해지지 못하는 것은 단지 군주와 재상이 적임자가 아니었기 때문이지, 먼 후대의 세상이기 때문에 회복되지 못하는 것이겠소. 군주다운 군주가 있고 재상다운 재상이 있을 때 왕도정치는 회복될 수 있소. 정자께서는 '사람이 없는 것이지 때가 아닌 것은 아니다'라고 말씀하셨지요. 어떤 일을 하면 반드시 그 공이 있는 법이니 '일을 했는데도 공이 없다'는 말은 고금을 통해 듣지 못했소. 또 선생이 '요즈음의 풍속이 전 왕조보다 못하다'고 했는데 결코 그렇지 않소. 고려 왕조의 풍속은 오랑캐 풍습을 면하지 못했으나 우리 조정〔조선〕에는 예禮로써 백성을 인도하는 자못 아름다운 풍속이 있소. 상사喪事에 가례家禮[134]를 쓰는 것, 일부일처제 등이 그것이오. 어찌 이전 왕조보다 못하다고 하시오?

지금 우리나라에는 왕도정치를 행하는 데 있어서 두 가지 좋은 조건과 두 가지 나쁜 조건이 있소. 좋은 조건이란 위로 성스럽고 밝은 군주가 계시다는 것이 그 하나라면 아래로 권력을 천단擅斷하는 간신배들이 없다는 점이 다른 하나라오. 나쁜 조건이란 인심人心이 가라앉은 지 오래되었다는 것이 그 하나라면 사기士氣가 매우 심히 가라앉았다는 것 또한 다른 하나지요."

　손님 좀 더 자세히 듣고 싶습니다.
　주인 주상께서는 용안이 빼어나게 수려하고, 기질이 영특하고 의연하며, 총명하여 학문을 좋아하고, 공손하고 검소하며, 선비를 사랑하고 양전兩殿[135]에 효성을 다하며, 만기萬機에 마음을 쓰시지요. 이것이야말로 실로 불세출의 성군聖君이 갖춘 자질이라 할 수 있소. 치도治道가 서지 못할까 걱정하는 것은 다만 군주다운 군주가 없을 때의 얘기라오. 그런데 이렇게 군주다운 군주께서 계신데 어찌하여 다스려지지 않을까 걱정하겠소. 이것이 왕도정치를 하기 좋은 조건 중의 하나라오.
　옛날부터 군주가 치도를 펼치려는 뜻을 품었다고 하더라도 권신權臣들이 천단하여 군주인 주상을 위협한다면 비록 유위정치를 하려도 할 길이 없지요. 그러나 우리 국가는 [그렇지 아니하니] 사병私兵을 혁파한 이후 이른바 권신들이 모두 군주의 은총에 의지하여, 위세를 부리지 않는 자가 없지는 않았어도 감히 군주를 능멸하고 기강을 침범하지는 않았소. 그리하여 남곤 같은 간특한 자, 김안로 같은 사악하고 위험한 자, 이기 같은 흉악한 자, 정순붕鄭順崩[136] 같은 음흉하고 거짓된 자, 윤원형 같은 험악하고 독한 자, 이량李樑[137] 같은 어긋나고 망령된 자조차도 출사와 퇴사를 오직 주상의 명에

동호문답 59

의존했고, 더욱이 지금은 그런 간신배들이 조정에 없습니다. (사정이 이러하니) 상감께서 만약 유위정치를 펼치시고자 한다면 감히 누가 재앙을 부르는 마음을 품고 상감의 귀를 현혹시키겠소. 바로 이 점이 왕도정치를 하기에 좋은 두 번째 조건이라오.

이른바 '인심이 가라앉은 지 오래되었다'는 게 무슨 말이겠소. 오늘날 저 보통 사람들의 정서가 조석으로 마주치는 일에 대해서는 그러려니 여겨 괴이하게 생각하지 않지만 멀리 떨어진 지역의 낯선 일에 대해서는 필시 많은 사람들이 놀라고 손가락질하며 비웃기 마련이지요. 그런데 왕도정치가 이 세상에서 행해지지 않은 지 이미 수천 년이 지났소. 그러니 (지금) 왕도정치가 뭔지 알고 숭상할 자들이 몇 사람이나 되겠소. 저 무모하고 식견 없는 무리들이 세속의 풍속에 젖고 관습에 익숙해져서, 훗날 왕도정치가 회복되어 세상에 시행되는 것을 보면 필시 놀라 괴이하게 여길 것이오. 그것은 먼 지역의 낯선 일을 대하는 정도가 아니어서 온 세상 사람들이 시끄럽게 떠들고, 주상의 마음도 굳건하게 안정된 마음을 보장하기 어려울 것이오. 똑똑하다고 하는 사대부들 역시 작은 일에는 밝아도 큰 일에는 어두우며 안정을 추구하고 개혁을 꺼리는 경향이 있어서 장차 반대하는 궐기를 하여 세속 여론의 선창자가 될 것이오. 그러니 개혁의 책임을 맡은 사람이 죄나 면하면 다행일 뿐 어찌 다른 일을 도모하겠소.

이것이 치도를 이룰 수 없는 나쁜 조건의 하나라오.

이른바 '사기가 매우 심히 꺾였다'는 게 무슨 말이겠소. 〔본 왕조가〕 국초國初에는 전 왕조보다 인재 교육에 열성을 기울였소. 그러나 연산군 시대에 임사홍任士洪[138]이 불측한 마음을 품고 사림을 해치기 시작한 후 그 풍토가 여전히 크게 남아 있다가 마침내 기묘년(1519)에 잔인하게 사림을 짓밟는 일이 발생했소. 그래도 실오라기 같은 숨결은 남아 있었으나 그것마저 을사년(1545)에는 완전히 끊어져버렸소. 그 후부터 선을 행하려는 자는 두려워하고 악을 행하려는 자가 서로 권면하게 되었소. 어떤 선비가 남보다 뛰어나 조금이라도 두각을 나타내고 공정한 논의를 전개하면 부형父兄의 책망을 받거나 지역에서 외면당하게 되었소. 그 때문에 오직 모호한 태도로 부귀를 탐내는 자들만 좋은 음식과 편한 자리를 누리는 관직에 있게 되었지요. 그런데도 조정의 대소 신료들은, 나라를 걱정하고 군주를 사랑하는 마음이 없는 것은 아니지만, 벌벌 떨면서 기묘년과 을사년의 전철을 밟을까 걱정하여 감히 올바른 기풍 조성의 필요성에 대해 한마디도 못하고 있소. 그저 여우처럼 의심하고[139] 쥐처럼 눈치 보면서[140] 오히려 기존의 세속적 풍토를 조장하고 있을 뿐이지요. 이것이 치도를 행하기에 나쁜 두 번째 조건이라오.

손님 치도를 펼치기에 나쁜 조건이 이미 이와 같다면 삼대의 정치를 회복하고자 해도 때가 아닐 것입니다. 그런데 선생께서 삼대의 정치를 회복할 수 있다고 하신 까닭은 무엇입니까?

주인 치세와 난세는 사람에게 달린 것이지 때와는 관계가 없소. 때라는 것은 윗자리에 있는 자가 하는 바에 달린 것이어서, 만약 우리 성상께서 분연히 일어나 옛 도를 회복하고자 하신다면 가라앉았던 인심이 일어나고 꺾였던 사기士氣도 회복될 것이니 어찌 때가 아니라고 말할 수 있겠소.

이상 금일의 시대 정세를 논하다.

제7장

무실務實이 수기修己의 요체임을 논하다
論務實爲修己之要

손님 주상께서 삼대의 정치를 회복하고자 할 때 무엇을 급선무로 하셔야 합니까?

주인 입지立志(뜻을 세우는 것)보다 앞서는 것은 없지요. 옛날부터 유위有爲하는 군주는 먼저 자신의 뜻을 정하지 않은 이가 없었소. 왕도정치에 뜻을 두면 요·순의 정치와 교화도 모두 내 분수 안의 일이 되겠지요. 그리고 패도정치에 뜻을 두더라도 한漢·당唐의 소강少康[141] 정도는 가능하겠지요. 그러나 옛사람이 '법으로 세금을 가볍게 거두도록 해도 그 폐단은 오히려 탐욕을 초래한다'[142]라고 했듯이 지금 만약 패도정치에 뜻을 둔다면 그 정치의 법도와 제도의 수준은 필시 한·당에도 미치지 못할 것이오. 어찌 지사들을 개탄하게 만들지 않겠소.

〔주상께서〕무릇 '이치를 궁구하고 본성을 다하는 것〔窮理盡性〕'[143]에 뜻을 두신다면 구차하게 자잘한 일들을 성취하려는 논의들이 끼어들지 못할 것이오. '백성들을 새롭게 하는

것〔新民〕'¹⁴⁴에 뜻을 두신다면 유행하는 세속이 견지하는 일상적인 주장들에 구애받지 않을 수 있을 것이오. '아내에게 모범이 되는 것〔刑于寡妻,《서경書經》,〈요전堯典〉〕'에 뜻을 두신다면 궁녀와 내시들이 차려주는 잔치의 즐거움이 마음을 유혹하지 못할 것이오. '요임금의 모자토계茅茨土階'¹⁴⁵에 뜻을 두신다면 수레나 궁실을 꾸미는 일에 마음을 움직이지 않을 수 있을 것이오. 박시제중博施濟衆¹⁴⁶에 뜻을 두신다면 단 한 명의 백성이라도 그 은택을 입지 못하는 일이 있으면 이것을 모두 자신의 걱정거리로 삼을 것이오.¹⁴⁷ '예악을 닦아 밝히는 일〔修明禮樂〕'에 뜻을 두신다면 한 가지 제도라도 옛 도에 부합하지 않는 경우가 있으면 이것을 자신의 고통으로 삼을 것이오.

진실로 주상께서 이러한 데에 뜻을 세우고자 하신다면 성인聖人을 표준으로 해야 할 것이오. 성인을 표준으로 삼고자 하신다면 반드시 성인의 학문을 배운 후에야 가능하다오. 그런 후에야 삼대의 정치를 회복하실 수 있겠지요.

손님 이미 입지했다면 다음에는 무엇을 해야 합니까?

주인 입지 후에는 무실務實만 한 것이 없지요.

손님 무슨 말입니까?

주인 아침 내내 밥상을 차려도 〔내실이 없어〕 전혀 배가 부르지 않는 경우처럼 말을 헛되이 할 뿐 실제가 없다면 어찌 일을 구제할 수 있겠소. 지금 저 경연 석상의 말들이나 상소문

속의 말들 가운데 족히 치국할 만한 아름다운 방책이나 훌륭한 의논이 없는 것은 아니나 한 가지 폐단도 개혁되지 않고 한 가지 정책조차 제대로 실시되는 것을 볼 수 없는 것은 오직 무실하지 않기 때문이지요.

지금 우리 주상께서 반드시 옛 도를 회복하여 다스리고자 하신다면 마땅히 무실해야 하고 형식에 종사해서는 안 되오.

〔주상께서〕 격물치지格物致知를 하고자 하신다면 독서를 할 때는 의리義理를 생각해야 하고, 일에 임해서는 시비是非를 생각해야 하며, 인물에 대한 논평을 할 때는 간사한 이와 올바른 이를 판별해야 하고, 옛 역사를 열람할 때는 그 득실을 찾아야 한다오. 그리하여 한마디 말씀, 한 가지 행동 모두에 그것이 합리적인가 아닌가를 생각하되 반드시 마음의 허명虛明·통철洞徹함을 유지하여 만물의 이치를 궁구함으로써 격물치지의 내실을 다해야 하지요.

〔주상께서〕 성의誠意하고자 하신다면 여색을 즐기듯이 선善을 즐겨서 반드시 그것을 이루어야 할 것이고, 악취를 싫어하듯이 악惡을 싫어하여 기어코 제거해야 할 것이오. 어둠 속에 혼자 있거나 남모르게 은거해 있을 때에도 경외敬畏하여 게을러서는 아니 되니, 보이지 않고 들리지 않는 때에도 경계하고 두려워함을 잊어서는 안 되고, 반드시 모든 염려들이 지극한 정성에서 나오게 하여 성의의 실제를 다해야 하지요.

〔주상께서〕 정심正心하고자 하신다면 한쪽으로 치우치지도

않고 얽매이지도 않는 것으로 체體를 세워 과불급過不及이 없게 하고 용用을 적용시킬 수 있어야 한다오. 이를 위해서는 늘 깨어 있는 정신으로 어리석음에 빠지지 않음으로써 본래의 밝음을 온전히 하고 굳건한 마음으로 동요하지 않음으로써 본래의 고요함을 보존하여 확연하고 공명정대함으로써 만물이 이치에 순응하게 하여 정심의 실제를 다할 수 있게 해야 하지요.

〔주상께서〕 수신修身하고자 하신다면 의관을 바르게 하고, 시선을 점잖게 하며, 음악과 여색의 기호를 멀리하고, 유희와 관광의 즐거움을 끊으며, 태만한 기운을 몸에 베풀지 말고, 비루하고 어긋나는 말을 하지 말아야 하니 규구規矩를 따르고 예禮가 아니면 움직이지 말아서 수신하는 실제를 다해야 하지요.

〔주상께서〕 효친孝親하고자 하신다면 양전兩殿을 우러러 모심에 매사에 정성스럽게 하지 않음이 없게 하셔서 기쁘시게 해야 하오. 〔두 분 사이를〕 이간질하는 행위를 엄금하고, 참소하고 사특한 이들을 끊어서 아첨하는 기색과 유순한 태도를 조심하며, 지극히 공손하게 하여 서로의 정신이 융합하고 서로의 기맥이 통하게 하고, 종묘宗廟의 예를 지극히 공경하고 조심스럽게 하여 번거롭게 하지 않도록 힘써야 하오. 그리하여 오직 조상을 감동시키는 데 마음을 써서 효친의 실제를 다해야 하겠지요.

〔주상께서〕 치가治家하려 하신다면 몸소 가르침을 실천하고, 공경으로써 통솔하고 엄숙함으로 임하시며, 자애로움으로 어루만져서 후비后妃들로 하여금 순수한 덕성을 한결같이 보유하도록 해야 하오. 궁중에 엄숙하고 맑은 미풍이 감돌게 하는 대신 외부와 교통하는 폐단의 싹은 자르시어 내시 등 미천한 이들은 쓸고 닦는 일만 담당하게 해서 치가의 실제를 다할 수 있게 해야 하지요.

〔주상께서〕 용현用賢하고자 하신다면 〔인재를〕 널리 구하되 정밀하게 살피고 밝게 시험하여 그의 현명함을 분명히 확인하면 확실히 신임해서서 〔옆에서〕 무고하지 못하도록 해야 하오. 그를 신임하여 일을 맡겼으면 의심해서는 안 되니, 밖으로는 군신의 의리를 의탁하고 안으로는 부자의 정리를 맺어 그로 하여금 쌓아온 바를 펼치고 정성과 재주를 다하게 해서 참언이 행해지지 않도록 해야 하오. 그리하여 나라가 복을 받고 백성도 은혜를 입게 되어서 용현의 내실을 다할 수 있게 해야 하오.

〔주상께서〕 거간去奸하고자 하신다면, 귀에 거슬리는 말을 하지 않는 자에 대해서는 바르지 못한 자가 아닌지 관찰하고, 공명정대한 행적이 없는 자에 대해서는 숨은 죄는 없는지 살피고, 건의하는 바가 없는 자에 대해서는 나라를 걱정하는 뜻이 없다는 점을 알아야 하고, 작위나 녹봉에 연연하는 자에 대해서는 국난에 헌신할 수 있는 절의가 없음을 알

아야 하며, 도학을 즐기지 않는 자에 대해서는 사림들에게 화를 입힐 수 있는 자임을 알아야 하고, 의논은 독실하게 해 놓고 실천은 미미한 자는 겉으로만 강직한 체하는 자임을 간파해야 한다오. 그리하여 행실을 보고 의도를 살피고, 편안하게 여기는 바가 어디에 있는지 파악하여[148] 간사한 이가 틀림없다면 그 경중에 따라 처벌하시되, 죄가 가벼울 경우 파직하고 무거울 경우 변방으로 내쳐서 간사한 이를 내치는 실제를 다할 수 있어야 하지요.

〔주상께서〕 보민保民하고자 하신다면 생민生民의 부모 된 마음으로 마땅히 백성들을 갓난아이처럼 돌보아야 하지요. 무릇 갓난아이가 우물에 막 빠지려 할 경우, 아무리 원수 사이라 할지라도 진실로 그 가족을 멸족시키려는 자가 아니라면 필시 놀라 일어나 구출하고자 할 것이오. 그런데 오늘날은 갓난아이가 우물에 빠진 상태가 된 지 이미 오래되었고, 또한 아픈 사람을 돌보는 듯한 정치를 보지 못한 것이 적막할 만큼 여러 해 되었소. 그 이유는 다름이 아니라, 주상 스스로 자신이 생민의 부모라는 지극한 마음을 품고 있지 못하기 때문이지요. 진실로 군주가 백성의 부모라는 마음을 간직하고 있다면 백성에게 이로운 것은 보호하고 해로운 것은 제거하기 위해 최선을 다하지 않는 일이 없을 것이니, 백성의 생활이 어찌 곤궁하겠소.[149] 마땅히 〔백성을 위하여〕 걱정하고 근심하기를 침식할 겨를도 없이 하고, 〔백성들이〕 바라는 것을 알

아서 반드시 이루어주고, 〔백성들이〕 고통으로 여기는 것을 물어보아 보민의 실제를 다해야 할 것이오.

〔주상께서〕 교화敎化를 베풀고자 하신다면 먼저 스스로의 실천을 통해 착하고 겸양하는 기풍을 일으키고 공도公道를 밝혀 기강을 진흥시키며, 선과 악을 구별하여 풍속을 변화시키고 염치를 장려하여 사기를 진작시키며, 도학을 숭상하여 나아갈 방향을 정하고 제사 지내는 법도를 밝히되 번거로운 폐단을 고쳐서 귀신은 하늘에서 감동하고 백성은 땅에서 따르게 해야 하니, 삼강三綱[150]이 바로 서고 구주九疇[151]가 실행되게 하여 교화의 내실을 다해야 하지요.

주상께서 무실에 힘쓰는 공이 진실로 이와 같은 경지에 이른다면 천심天心이 기뻐하여 화기和氣가 천지에 가득하고 재앙이 소진되어 경사와 상서로운 일이 거듭될 것이오.

아아, 억만 년 동안 무궁한 우리나라의 아름다움은 오직 주상의 무실에 달려 있도다.

이상 무실이 수기의 요체임을 논하다.

제8장

간인姦人의 판별이 용현用賢의 요체임을 논하다
論辨姦爲用賢之要

손님 정치란 주상께서 홀로 할 수는 없는 것으로 반드시 보좌하는 이에게 의탁해야만 치도를 이룰 수 있을 것입니다. 보좌하는 책임을 맡은 사람은 어떤 점에서 남과 달라야 하는지요?

　주인 주상께서 이미 큰 뜻을 세우셨고 실제 효과를 힘써 추구하신다면 묘당廟堂[조정]의 원로들과 각 부서에서 뛰어나고 부지런한 현자들이 어찌 일어나 응하지 않겠소. 만일 입지立志·무실務實·수기修己하여 나라를 바로잡으려는 자가 있다면 바로 그 사람이 적임자지요.

　손님 조정 신하들 가운데 비록 수기하여 나라를 바로잡으려는 자가 있다고 하더라도 주상께서 과연 그자가 믿을 만한 자인지를 어찌 알겠습니까?

　주인 구름은 용을 따르고 바람은 범을 따르는 법, 진실로 군주다운 군주가 있다면 반드시 거기에 걸맞은 신하가 있기 마련이지요. 옛날에 성스럽고 슬기로운 군주가 큰 유위의 정치를 이루고자 할 때는 반드시 여러 신하를 두루 살펴보시되, 그들이 현명한지 아닌지 잘 관찰하여 그가 현명하면 그와 더불어 격의 없이 사귀었고, 속마음을 비춰보고 과연 그가 현명하다는 것을 믿은 연후에 큰 임무를 맡겨서 그에게 공을 이루도록 하는 책임을 지웠지요. 우리나라의 조종에 이르러서도 여러 신하들과 더불어 친애하기를 가족이나 부자 사이처럼 했소. 그러므로 여러 신하들이 그 은혜에 감격하고 그 덕을 그리워하여 사력을 다했던 것이지요.

그러나 지금 군주께서는 오직 경연에서만 어진 선비를 응대하시는데다가 그나마 예가 엄하고 말씀을 간단하게 하셔서 신하들이 떼 지어 줄 맞춰 앞으로 나아갔다가 물러 나오는 식이오. 그 결과 신하들의 뜻이 모두 주상께 전달되기는 어려운 상황이니 밝은 성상이실지라도 어찌 모든 상황을 살필 수 있겠소. 이와 같이 지난날의 전철만 되풀이하여 헛되이 형식만 일삼는다면 주상께서는 여러 신하들의 어질고 어질지 못함을 끝내 살피지 못할 것입니다. 그러니 어찌 적임자를 얻어서 정치를 할 수 있겠소.

따라서 오늘날의 대책은 무엇보다도 오늘날의 상규常規를 고치되, 번거로운 절차는 생략하고 경연 자리 이외에서도 유신儒臣들과 만나 조용히 도道를 의논하여 정무에 적용하는 방법만 한 것이 없소. 주상께서는 침묵해서는 안 되고 신하와 더불어 수작酬酌하기를 메아리치듯이 하여 상하의 실정이 통하고 속내를 시원스럽게 알도록 해야 하오. 이렇게 되면 사특하고 올바른 이들이 하늘의 눈길을 피하기 어려워 용사用捨〔등용하고 내침〕가 성상의 권한 내에서 조용히 결정되어 성덕聖德을 이루시는 데 크게 도움이 되지요. 정자가 '주상〔人主〕이 하루 동안 어진 사대부를 접하는 시간이 많고 환관이나 궁녀들과 가까이하는 시간이 적으면 기질을 함양하고 덕성을 훈도薰陶할 수 있다'라고 했으니, 이 말은 진실로 만고萬古의 약석藥石일 것이오.

손님 올바른 사람은 사악한 사람을 '나쁘다'고 할 것이고, 사악한 사람은 올바른 사람을 '나쁘다'고 할 것인데, 무슨 방법으로 판별할 수 있습니까?

주인 그것은 어렵지 않소. 군자가 소인을 공격할 때는 말이 순하고 사리가 곧지만 소인이 군자를 공격할 때는 말이 어렵고 사리가 곧지 못한 법이지요. 소인이 저지르는 해악은 분명하게 알아볼 수 있으니 어떤 이는 물질적 이익을 추구하여 비루하고 어떤 이는 윤리에 어긋나며, 어떤 이는 사익에 얽매여 공익을 외면하고 어떤 이는 현자를 해코지하여 나라를 병들게 하여 그 과오와 죄악이 심하여 일일이 열거할 수 없으나 큰 요체는 모두 드러나기 마련이어서 지적하거나 말하기 어렵지 않소.

그러나 군자는 이와 다르지요. 마음으로 말하자면 정직하여 왜곡됨이 없고, 행실로 말하자면 결백하여 흠이 없으며,

절개로 말하자면 지조가 군건하여 굽힘이 없지요. 진실로 덕을 이룬 선비가 아니라면 작은 흠이 남아 있을 수도 있으나 기질이 편중되어서 그러한 것이지 소인들이 악을 멋대로 자행하면서 거리끼는 바가 없는 것과는 다르지요.

그렇기 때문에 소인이 군자를 공격할 때는 반드시 이상한 명목으로 주상의 귀를 현혹시킨다오. 〔소인은〕 군자가 성리학에 잠심潛心하여 선정先正들의 가르침을 준수하고자 하면 그것을 지목하여 '위학僞學'이라고 말하지요. 〔소인은 군자가〕 수신하고 의를 행하여 이륜彝倫을 밝히고자 하면 그것을 지목하여 '위선僞善'이라고 말하지요. 〔소인은 군자가〕 군주를 인도하여 도에 합당하게 하고 삼황오제의 정치를 실천하도록 하면 그것을 지목하여 '고담준론으로 세속을 그르친다'고 말하지요. 〔소인은 군자가〕 비분강개하여 시대의 대사를 논하여 세상 풍속의 폐단을 바로잡으려 하면 그것을 지목하여 '뜬구름 같은 말로 일 벌이기를 좋아한다'고 말하지요. 〔소인은 군자가〕 동지들을 진출시켜 함께 국사를 다스리려 하면 그것을 지목하여 '붕당을 체결한다'고 말하지요. 〔소인은 군자가〕 선한 이를 좋아하고 악한 이를 미워하며, 더러운 이를 배격하고 청렴한 이를 드러내려 하면 그것을 지목하여 '자기와 다른 이들을 배척한다'고 말하지요. 〔소인은 군자가〕 정의를 준수하고 공도를 배양하는 데 흔들리지 않으려 하면 '나라의 병권을 전제專制한다'고 지목하지요. 〔소인은 군자가〕 군주 앞에서 직언으로 다투어 군주의 덕을 도우려 하면 '군주를 공경하지 않는다'고 지목하지요. [소인은 군자가] 출사할 적에 반드시 예로써 하고 [그렇지 않으면] 만종萬鍾152을 주더라도 돌아보지 않는 법인데, 그러면 '군주를 기다려서 고가에 팔리기를 추구한다'고 지목하지요. [소인은 군자가] 도가 행해지지 않아서 사퇴하면 '군주를 원망하고 불손하게 대한다'고 지목하지요. 이런 예는 일일이 다 들 수 없을 만큼 많으나 대체적인 요체는 [소인의 말은] 전부 지어낸 말이고 거짓말이 아닌 것이 없다는 것이오. 이것은 폐와 간을 들여다보는 것과 같이 훤한 것이지요.

손님 과연 소인의 정상을 그렇게도 쉽게 알아볼 수 있습니까?

주인 다만 군주가 욕심을 가질 때가 두려울 뿐 진실로 군주가 욕심이 없다면 소인이 어떻게 군주 주변으로 들어갈 수 있겠소. 지금 주상께서는 이제 막 정치를 시작하는 날을 당하여[訪落之日]153 바야흐로 모든 정사가 새롭고 군자나 소인 모두 각기 소망을 품고 있으니 만약 주상께서 물욕에 구애받지 않고 오로지 치도만을 익히고자 하신다면 군자들의 소망이 이루어지겠지요. 그러나 만약 주상의 마음에 사욕이 조금이라도 싹트고 있다면 소인들이 엿보는 틈이 커질 것입니다. 주상의 마음에 친부모154를 존숭하겠다는 사사로운 마음이 깃든다면 소인들은 반드시 그 틈을 엿볼 것이니 '가정황제嘉

靖皇帝[155]를 본받아야 한다'라는 말로 상감의 귀를 미혹시킬 것이오. 주상의 마음에 도학을 좋아하지 않는 사심이 싹튼다면 소인들은 반드시 그 틈을 노려 '가짜 유신儒臣들의 공언空言은 실속이 없다'라는 말로 상감의 귀를 미혹시키겠지요. 주상의 마음에 직언을 싫어하는 사사로운 마음이 싹튼다면 소인들은 반드시 그 틈을 노려 '대간은 족히 다 믿을 수는 없다'라는 말로 상감의 귀를 현혹시킬 것입니다. 주상의 마음에 그럭저럭 안일하게만 지내려는 사심이 싹튼다면 소인들은 반드시 그 틈을 노려 '국가는 이미 잘 다스려지고 있으므로 걱정할 것이 없다'라는 말로 주상의 귀를 현혹시키겠지요. 주상의 마음에 외척을 믿고 의지하려는 사심이 싹튼다면 소인들은 반드시 그 틈을 노려 '친한 신하가 가장 믿을 만하다'라는 말로 주상의 귀를 현혹시킬 것이오. 주상의 마음에 환관과 내시를 총애하는 사심이 싹튼다면 소인들은 반드시 그 틈을 노려 '집안에서 부리는 종은 귀하게 되더라도 통제하기 쉽다'라는 말로 상감의 귀를 현혹시키겠지요. 주상의 마음에 미신으로 복을 구하려는 사심이 싹튼다면 소인들은 반드시 그 틈을 노려 '선가仙家와 불가佛家의 화복설은 거짓이 아니다'라는 말로 상감의 귀를 현혹시킬 것입니다. 주상의 마음에 음악과 여색을 즐기는 사심이 싹튼다면 소인들은 반드시 그 틈을 노려 '베개를 높이 하고 뜻을 자유롭게 하여 즐거움을 추구해도 좋다'라는 말로 상감의 귀를 현혹시키겠지요.

샛길을 찾고 지름길을 더듬는 행위를 이루 다 헤아릴 수 없으나 큰 핵심은 모두 주상의 총명을 가리고 자기의 이익을 도모하는 것이지요.

만약 주상께서 격물치지하여 천리天理를 궁구하신다면 저 소인배들의 정상은 미세한 부분까지 모두 밝혀질 것이고, 선한 이를 좋아하고 악한 이를 싫어해서 그 마음을 공정하게 하신다면 군자의 진언이 주상의 마음에 부합하지 않는 상황은 없을 것이오. 그러므로 간사한 이를 판별하는 데는 이치를 궁구하는 것보다 더 좋은 것이 없고, 현인을 알아보는 데는 공정한 마음보다 더 좋은 것이 없겠지요. 그리고 이치를 궁구하고 마음을 공변되게 하는 것은 과욕寡慾으로써 근본을 삼아야 하지요.

이상 간인의 판별이 용현의 요체임을 논하다.

제9장

안민정책을 논하다

論安民之術

손님 이미 간사한 자와 올바른 자가 판별되어 적임자를 등용하여 정치를 하게 되었다면 그다음에는 무엇을 먼저 해야 합니까?

주인 먼저 폐법弊法부터 개혁하여 민생을 구제해야 하지요. 잘못된 법을 개혁하려면 마땅히 언로를 넓혀서 좋은 정책을 모아야 하니 위로는 공경대신에서 아래로는 가마꾼이나 말구종에 이르기까지 모두 각자 시대의 폐법을 진술할 수 있도록 해야 한다오. 그리하여 그들의 말이 결과적으로 채택할 만한 것이면 그것이 누가 한 말인지를 취사선택의 기준으로 삼지도 말고 해당 부서로 하여금 고식적으로 기존의 예를 따르지도 말도록 하여 상감께서 계책을 열도록 하는 것만이 잘못된 법을 완전히 개혁하리라는 것을 기약할 수 있소. 그렇게 한 후에야 나라가 다스려질 수 있을 것이오.

손님 선생께서 백성을 구제하기 위해서는 오늘날의 폐법부터 고쳐야 한다고 생각하시니, 오늘날의 폐법 가운데 무엇이 백성들에게 가장 큰 걱정거리입니까?

주인 일족절린一族切隣이 그 첫째 폐법이고, 진상번중進上煩重이 둘째 폐법이며, 공물방납貢物防納이 셋째 폐법이고, 역사불균役事不均이 넷째 폐법이며, 이서주구吏胥誅求가 다섯째 폐법이지요.

일족절린一族切隣의 폐법이란 무엇인가? 지금 과중한 세금, 군포, 군역(戎役) 등을 견디지 못하고 도망간 백성이 있는 경우 반드시 그 일족과 이웃에게 세금, 군포, 군역을 부담시키는데, 일족과 이웃들도 그것을 감당할 수 없어 도망가면 다시 그 일족의 일족과 이웃의 이웃에게 부담시키고 있지요. 한 사람이 도망간 환난患難이 1,000호戶까지 이르러 종국에는 필시 한 명의 백성도 남지 않을 형국이 될 것이오. 그러므로 몇 년 전에 100가家였던 마을이 지금은 10실室도 안 되고, 지난해에 10가였던 마을이 지금은 1실도 없어서 고을이나 마을이나 쓸쓸하여 사람이나 굴뚝의 자취가 끊어지지 않은 곳이 없소. 만약 이러한 폐법을 고치지 않는다면 나라의 근본이 전복되어서 나라를 다스릴 수 없을 것이오.

이 폐법을 개혁하려면 마땅히 아래로 전국의 군·읍에 명령을 내려 장부와 문서를 조사하게 하되, 도망친 가구가 있으면 그 이름을 삭제하여 친척과 이웃에게는 해가 되지 않도록 해야 할 것이오. 그러면 국가의 손실은 단지 이미 도망간 가구에만 그치게 되지요. 아직 흩어지지 않은 백성들이 차차 안정을 찾아 모여 살 수 있게 하여 양육하고 생식하여 호구가 번성하게 되면 채우지 못한 군역의 숫자도 머지않아 충당될 것이오.

  손님 이 정도입니까? 선생의 우활하심이! 오늘날의 군적軍籍의 거의 절반을 도망간 가구가 차지하고 있습니다. 선생의 말씀대로 한다면 목전에 닥친 수백 가지의 수요를 감당할 수 없는데 그것은 어찌하겠습니까?

  주인 허 참! 세속의 식견이 모두 이렇기 때문에 국가의 형세가 끝내 떨쳐 일어나지 못하고 있는 것입니다. 지금 민생의 곤궁함이 거꾸로 매달린 것보다 심하다오. 시급히 구제하지 않으면 그 형세가 장차 나라를 텅 비우고야 말 것이오. 나라가 텅 빈 후에는 당장 군수품이 필요한 상황이 벌어질 경우 어느 땅에서 마련하겠소. 이치로 보건대 필시 그 지경에 빠지고 말겠구려. 군인의 수를 감축하지 않는 것이 좋은 이유는 진실로 군인들을 동원해야 할 때 동원할 수 있기 때문이오. 그러나 지금은 없어진 호구에 대해서는 오직 그들의 친척을 대신 침해하여 군포軍布를 징수하고 있을 따름이니 지금 만약 전쟁이라도 일어나 군인을 동원하게 되면 친척도 창을 메고 나오지 않을 것이요 군포로 군인을 모집할 수도 없을 것이오. 〔사정이 이럴진대〕무엇 때문에 빈 군인 문서를 아끼느라 백성으로 하여금 실질적인 해를 입게 한단 말이오. 예나 지금이나 패란敗亂한 경우가 진실로 한두 가지가 아니지만 일족절린의 폐법으로 나라를 망친 것은 아직 보지 못했고 우리나라에서 처음 있는 일이니 도대체 이런 일이 언제부터 시작되었다는 말이오. 이것은 진실로 천고에 걱정하지 않던 일이요 후세 사람도 들어서는 안 될 일이오. 《서경》에서 '형벌은 자손에게 미치지 않고 포상은 자손에게까지 드리운다'[156]라고 했소.

이 백성들이 유랑하고 이산하는 것은 가난 때문이오. 〔국가는〕 응당 약하고 쇠잔한 백성들을 구휼하기에 여념이 없어야 할 터인데 도리어 악독하고 잔학한 정치로 그나마 아직 흩어지지 않은 백성들까지 흩어지게 만들려고 하니 이것이 어찌 어진 사람이나 군자가 차마 할 일이겠소.

손님 선생의 말씀이 옳습니다. 다만, 만약 그렇게 하다가 교활하고 거짓된 백성들이 모두 병역을 기피해 종국에는 군인이 한 명도 없는 상황에 이르게 되면 이것은 어찌합니까?

주인 그런 일은 결코 없을 것이오. 무릇 백성들이 고향을 떠나 친척을 버리고 정처 없이 떠돌아다니는 것은 다 급박해서 어찌할 수 없을 때 발생하는 일이오. 아무리 교활한 사람이라고 하더라도 생업이 있어서 목숨을 부지할 수만 있다면 누가 스스로 흩어져 떠돌아다니는 고생을 택하겠소. 백성들이 생업을 반기는 것은 물과 불의 재앙을 벗어난 것과 같은 이치인데, 일족절린의 걱정 없이 단지 자신의 병역 의무만을 감당해도 된다면 무엇 때문에 모두 병역을 기피하겠소.

일족절린의 폐법이 이미 개혁되었다면 군읍郡邑에 명령을 내려 점차 한정閒丁[157]을 색출하여 부족한 군인 숫자를 충당하고, 모든 여외旅外[158]를 없애서 정규군을 보충하고, 신설한 병영에 대해서는《경국대전經國大典》에 기록되어 있지 않은 자와 한역閒役 장부에 이름이 오른 자 가운데 관청에서 특별히 쓸모가 없는 자는 모두 색출하여 병역에 충당하고, 군사를 담당하는 관서로 하여금 사무를 총괄하게 하여 실제 숫자를 파악하게 해야 하오. 그러면 별도로 군적 담당 관청을 신설하지 않아도 이미 군적은 완료될 것이오.

　그런 다음에 다시 한정을 색출하여 발견되는 대로 보충하되 세초歲抄[159]할 때마다 군읍에서 작성한 군적을 병조에 보고하게 하고, 해당 관서로 하여금 노비 문서를 보고하게 하되 실제 숫자만 기록하게 하고 나머지 허위 명단은 모두 없애버려야 한다오. 이때 한정 색출을 잘하여 10호 이상 증가시킨 자에게는 포상을 논하고, 새로이 끊어진 호구가 있어서 군인 숫자가 5호 이상 줄어들게 한 자에게는 죄를 논하되 파직, 강등 혹은 심한 경우 중죄로 다스리고 증감이 서로 비등한 경우에는 죄를 묻지 말아야 하오.

　그러나 고을을 다스린 지 3년이 지났는데도 호구를 늘리지 못한 자도 죄를 물어야 하오.

　그리고 어사에게 고을을 암행暗行하게 하여 민생의 고통을 묻고 수령이 현명한지 아닌지를 살피게 하되, 만약 이전처럼 일족절린을 행하거나 호구를 거짓으로 증가시켜서 포상을 도모한 자가 있으면 간장奸贓[160]의 형벌로써 다스리게 해야 하오. 진실로 이것을 행할 수 있다면 수령이 법을 두려워하여 마음을 다하여 영토를 생각하고 백성들을 보호할 것이니 10년이 안 되어 민생은 넉넉해지고 군액도 보충될 것이오.

옛날에 월왕越王 구천句踐은 5,000명의 군사로 회계會稽에 거주했으니 지극히 미약한 세력이었다고 할 수 있겠지요. 그러나 그가 (백성들을) 10년 동안 모여 살게 하고 10년 동안 가르치자 나라가 부국강병해져서 강한 적까지 멸했소. 하물며 우리는 당당한 만승萬乘[161]의 나라인데, 모여 살게 하고 가르치는 도를 다한다면 어찌 국가가 태평하고 백성이 부유하여 크게 풍속을 변화시키는 효과가 없겠소.

진상번중進上煩重의 폐법이란 무엇인가? 요즘 말하는 진상이라는 것이 주상께 바치는 데 있어서 모두 다 적합한 것은 아니라오. 어떤 자질구레한 것도 헌상하지 않는 것이 없고 바다나 육지에서 산출되는 것을 빠짐없이 긁어 들이고 있으나 어찬御饌에 진상할 만한 것을 고른다면 몇 가지 안 될 것이오. 옛날 성왕聖王들은 1인이 천하 사람들을 다스렸으나 천하 사람들로 하여금 1인을 받들게 하지는 않았고 비록 진상하는 물품이 하나하나 모두 진상에 적합한 것일지라도 줄여서 민력民力을 펴게 했다오. 하물며 (지금) 다급하지도 않은 물품들로 백성을 해친단 말이오.

이러한 폐법을 개혁하고자 한다면 마땅히 대신과 관할 관서로 하여금 진상하는 모든 품목을 모아서 긴급한 것과 긴급하지 않은 것을 강구하여 상납할 필요가 있는 것만을 남겨두고 나머지 긴요하지 않은 물품들은 모두 삭제해야 하오. 또 아무리 상납할 필요가 있는 것이라 하더라도 수량이 너무 많을 경우에는 그 수량을 감소시켜야 하오. 이와 같이 한다면 성상께서 백성을 사랑하는 은혜가 아래에도 전달될 것이니, 정당한 진상품만 바치게 하는 미덕을 문왕文王께서 독차지할 수는 없을 것이오.

  손님 선생의 말씀처럼 한다면 오직 백성만 위할 줄 알고 주상을 받들 줄은 모르게 되니 신하 된 자의 정성이 아니지 않습니까?

  주인이 크게 탄식하면서 말했다.
"세속의 식견이 모두 이와 같기 때문에 성덕聖德을 우러러 받들지 못하는 것이오. 충신이 군주를 사랑하는 것은 대도大道로써 하는 것이지 자잘한 정성으로 하는 것이 아니라오. 국가가 편안하게 다스려지고 민생이 넉넉하고 번성하면 〔자연히〕 우리 군주가 얻는 바가 많아지니 어찌 구구하게 소소한 물품의 증감 따위가 족히 우리 군주께 손익이 된다는 말이오.
  옛날에 순임금이 칠기 그릇을 만들자 여러 신하가 다투어 말렸는데, 이는 지극히 귀한 천자의 신분이라 할지라도 칠기를 써서는 안 되기 때문이었소. 선생의 말대로 한다면 순임금 시대의 여러 신하들은 군주를 사랑하지 않았다는 말이 되오. 하지만 천자 순은 천하의 성주聖主가 되셨고 순의 여러 신하들은 천하의 좋은 보필자가 되었소. 아아, 어찌 세상의 고만고만한 무리들과 더불어 그 득실을 상의할 수 있겠소.

공물방납貢物防納의 폐법이란 무엇인가? 조종祖宗조에서는 방납을 매우 엄하게 금지시켜 모든 공물을 오직 백성들로 하여금 직접 관청에 공납하게 했고, 모든 관청 또한 주상의 뜻을 받들어 아전들에게 기만당하는 일이 없었으며 그들의 농간이나 실상을 모르는 폐법이 없었소. 그렇기 때문에 백성들이 공물로 인한 곤란을 겪지 않았지요. 그러나 세도世道가 점점 가라앉고 폐습이 나날이 늘고 간악하고 교활한 관노나 엉큼한 아전들이 온갖 물품을 사사로이 비축했다가 관청을 우롱하고 백성을 가로막아 비록 아주 우수한 물품을 가지고 와도 끝내 억지시켜 곧장 공납하지 못하게 하고 대신 반드시 자기들이 사사로이 비축한 물품들을 선납先納했다가 나중에 백 배나 되는 값을 백성들에게 요구하게 되었소. 그런데도 국법〔邦憲〕이 퇴폐하여 그것을 막을 수 없게 된 지 이미 오래인데 국가의 재용은 조금도 증가되지 않았고 백성의 생계도 막막해졌소.

비록 근래에 와서 이것을 개혁하려 했으나 그 방도를 알지 못하여 단지 백성으로 하여금 스스로 공납하게 했지요. 하지만 그 적용법도 정하지 못했고 게다가 백성들 또한 이미 스스로 공납을 준비하지 못한 지 오래된지라 어느 날 갑자기 '방납이 폐지되었다'는 이야기를 들어도 〔이제 와서〕 공물을 염출할 방도가 없는 것이지요. 그리하여 결국 다시 모두 비싼 값으로 지난날 방납하던 무리들한테 〔공물을〕 사사로이 사지 않을 수 없게 되었소. 게다가 문제는 그들이 물품을 깊숙이 쌓아놓고 예전 가격의 두 배를 요구하니 지난날의 방납이라는 명목은 비록 폐지되었지만 방납의 실상은 오히려 더 심해졌다는 점이오."

손님 그렇다면 이 폐법을 개혁하고자 한다면 어떤 방책을 제출해야 합니까?

주인 달인達人은 일에 임해서 좋은 방책을 때에 맞춰 적절하게 처리하는 사람이지요. 어찌 기존의 관행에 구애받는 자가 능히 할 수 있겠소. 내가 해주海州 지역에서 실행한 공물법을 보건대 전답 1결結마다 쌀 1말씩을 징수하는 대신, 관청에서 자체적으로 구비한 물품을 서울〔京城〕로 공납했소. 그래서 백성들은 쌀만 공출할 뿐 다른 폐단이 있다는 말은 거의 듣지 못했지요. 이것이 진실로 오늘날 백성들을 구제하는 좋은 법이라고 생각되오. 만약 이 방법을 사방에 반포한다면 방납으로 인한 폐단은 머지않아 저절로 개혁되겠지요.

손님이 웃으면서 말했다.

"선생의 말씀은 진실로 사정에 어둡습니다. 우리나라 군읍郡邑 가운데 해주만큼 내실 있는 곳도 없는데, 어찌 능히 8도의 고을들로 하여금 모두 해주를 본받으라 하십니까?"

주인 만약 지금 널리 통용되는 제도를 변경하지 않는다면 실로 선생의 말과 같겠지요. 그러나 만일 대신과 해당 관청으로 하여금 8도의 문서와 도록을 모두 가져다가 인구와 물산의 쇠잔하고 번성함, 전결의 많고 적음, 물산의 풍부함과 비루함을 조사하여 공물을 다시 부과하도록 하되, 이때 고갈된 것을 기준으로 고르게 하여 공물이 국가 재용에 끊어지지 않도록 하며 적당하게 공물 양을 삭감하고 8도에서 판출辦出하는 방법을 모두 해주에서처럼 반드시 1결당 1두씩 할당한 후에 그 법령을 반포한다면 행하지 못할 까닭이 어디 있겠소.

역사불균役事不均의 폐법은 무엇을 말하는가? 지금 이른바 정군正軍·보솔保率·나장羅將·조예皂隸 등 여러 사람들이 온갖 역에 응하는 종류는 첫째, 장기간 번을 서거나, 둘째, 두 번으로 나누어 서거나, 셋째, 세 번에서 예닐곱 번으로 나누어 서는 것이지요. 따라서 혹자는 포악한 해를 감당하지 못하여 도망하는데 혹자는 생업生業을 편안히 하여 스스로 지키기도 하니, 같은 적자赤子〔백성〕로서 어찌 이와 같이 괴롭고 즐거움이 차별적으로 동일하지 못한지요? 지금 유용한 방책으로는 대신과 해당 관청으로 하여금 역의 양과 기간을 재단하게 하고 장점을 잘라 단점을 보충하게 하는 것이지요. 또 일체의 국역國役을 모두 순번에 따라 휴식하게 하되, 고르고 반듯하게 하여 고통스럽거나 편안함에 차이가 나는 폐단을 없애도록 하면 이미 도망간 이들을 다시 모을 수 있을 뿐만 아니라 앞으로도 백성들이 가족을 버리고 도망하려는 계책을 쓰지는 않을 것이오.

이서주구吏胥誅求의 폐법은 무엇을 말하는가? 간사한 권신權臣들이 혼탁하고 어지러우며, 상하가 오직 뇌물만 일삼아서 관작官爵도 뇌물이 아니면 승진하지 못하고, 소송도 뇌물이 아니면 승소하지 못하고, 죄수도 뇌물이 아니면 석방되지 못하오. 이리하여 모든 관료들은 하는 일마다 범법 행위를 하고, 아전들도 농간을 부려 법조문을 악용하니 모든 물품이 관청에 공납될 때 좋고 나쁜 것도 구별하지 않고, 많고 적은 것도 헤아리지 않은 채 오직 뇌물의 등급만을 취사取捨의 표준으로 삼고 있소. 그렇기 때문에 일개 군노軍奴나 일개 하인, 그리고 종까지 모두 약간의 말직만 맡고 있어도 으레 토색질을 일삼게 되었소. 그뿐만 아니라 중요한 일도 교활한 아전의 손에 맡겨져 뇌물의 많고 적음으로 곡직曲直을 결정하게 되었으니, 이것이 참으로 정치가 어지럽고 나라가 망하는 고질병이 되었소. 그리하여 지금 간사한 권신이 없어지고 점점 공론公論이 행해져서 조정에서는 다소 구습이 고쳐졌다고는 하지만 아전들의 간사함과 교활함은 전보다 더욱 심하다오.

이와 같은 폐법을 개혁하려면 마땅히 백관을 엄히 단속하여 장물법臟物法을 분명하게 밝히고 퇴폐한 기강을 떨쳐서 조정을 깨끗이 함으로써 모든 사람들이 무엇을 두려워하고 경계해야 하는지 알도록 만들어야 하지요. 그런 다음에 침탈하고 수뢰하는 폐습을 일절 금하고, 숨은 죄를 적발하여 실상을 파악하며, 백성들이 하소연할 수 있도록 함으로써 원통함을 살펴야 할 것이오. 아전들이나 사령들이 수뢰하거나 토색질한 사실이 발각되었을 경우 (피해액이) 포布 1필 이상일 경우 전가율全家律[162]로 다스려서 육진六鎭(함경도)의 빈 곳을 메우게 한다면 수뢰의 폐단을 일소할 수 있을 뿐만 아니라 장차 국경의 수비에도 도움이 될 것이오.

관리들의 수뢰는 참으로 근절해야 할 일이지요. 그러나 그렇게 하자면 그들에게 농사짓는 수입을 대신할 만한 재물을 지급하지 않으면 안 되오. 왜냐하면 옛날의 아전들은 일정한 녹봉을 받았지만 오늘날의 아전들은 생활 보장이 안 되어 남의 것을 빼앗지 않으면 굶주리거나 추위에 떠는 것을 면할 수 없기 때문이오. 이런 점들 때문에 우리나라의 국법(國制)이 미진하다는 것이오.

손님 국가의 재정이 부족하여 고관들의 녹봉도 줄이는 판에 아전들의 봉급까지 줄 수 있겠습니까?

주인 국가의 재정을 경감시켜서 아전들의 녹봉을 주라는 것이 아니오. 국가에서 헛되이 버리는 물품을 회수하기만 해도 충분할 것이오. 헛되이 버리는 물품이란 지금 각 사의 속 포속布〔벌금〕와 작지作紙〔문서 작성비〕가 모두 쓸모없는 곳에 흩어져 있는데, 만약 각 조曹에서 〔그것을〕 빠짐없이 수납한다면 한 해에 거두어들이는 수입이 필시 수만 필에 달할 것이오. 이것으로 아전들의 녹봉을 충당하고 나머지는 국가의 재정으로 보충하면 족할 것이니 무엇이 문제가 되겠소. 이것은 별도로 백성에게 부과하는 것이 아니라 무용한 것을 유용한 것으로 전용하자는 것일 뿐이오. 경국제민의 일을 담당하는 사람이라면 이 말을 주변의 일상적인 것이라 하여 소홀히 여겨서는 안 될 것입니다.

손님 오늘날의 폐단이 그것들뿐입니까?

주인 그것들만은 아니지요. 전지田地의 측량이 사실과 달라 황무지에 세금을 물리고 있고, 불교가 여전하여 놀고먹는 자들이 논밭으로 돌아가지 않고 있소. 예기치 못한 수요를 모두 시장에서 판출辦出하기 때문에 장사치들이 껍데기까지 벗어야 하고 마구잡이로 침탈하는 해독이 마을에 넘쳐들어 일반 백성들만 뼈까지 깎이고 있소. 이름 없는 온갖 종류의 세가 모든 고을에 남발되어 징렴徵斂이 공부貢賦[163]보다 더 무겁소. 종모법從母法[164]이 양민 여자에게만은 적용되지 않고 있으나 양민이 사노비로 전락하고 불필요한 관리가 많아 헛된 비용이 여전히 늘고 있으니 백성들은 줄어드는데 군읍만 지나치게 많아지고 있소. 오늘날의 폐단을 다 말하자면 하루 종일 해도 모자랄 것이오.

지금 오늘날의 정치를 바로잡지 않는다면 요·순이 군주로 있고 고요와 기 같은 신하가 있더라도 정치를 잘하는 데에는 아무 쓸모가 없어서 몇 해 못 가서 민생은 생선살같이 부스러지고 흙더미처럼 무너질 겁니다. 특히 큰 걱정거리는 지금의 민력民力이 다 죽어가는 사람의 기운 같고 목숨이 곧 끊어질 것 같아 평화 시에도 유지하기 어려운데 만약 남·북에서 외적의 침입이라도 일어난다면 회오리바람이 낙엽을 쓸어버리는 것과 같을 것이니, 백성은 그렇다 하더라도 종묘사직은 어디에 의탁할 것이오. 말과 생각이 여기에 미치면 나도 모르게 통곡하지 않을 수 없다오.

손님 선생의 말씀이 진실로 옳습니다. 그러나 충신이 군주를 보필하려면 의당 조종의 제도를 법도로 삼아야 하는데 선생의 말대로 하면 조종의 법도를 바꾸어 혼란스럽게 하는 것에 가깝지 않습니까?

주인 슬프고 슬픈지고. 세속의 식견은 매양 이와 같아서 한 가지 정책도 써보지 못하고 앉아서 망하기만을 기다리고 있는 격이지요. 정자께서는 '생민의 이치가 막혔으면 성왕의 제도라도 고치는 것이 옳다'고 말씀하셨소. 대저 법이 오래되면 폐단이 생기기 마련이고, 폐단이 생기면 고쳐야 하는 법이오. 《주역周易》에서 '궁하면 변한다. 변하면 통한다'라고 했지요. 그렇기 때문에 우리 태조께서 개국하셨으나[165] 세종께서 수성하여 《경제육전經濟六典》을 비로소 제정하셨으며, 세조世祖께서 이를 계승하여 《경국대전》을 제정하기 시작하셨던 것이오. 그런데 이것들은 모두 시대에 맞춰 제정한 것이지 함부로 조종의 법도를 바꾼 것이 아니라오.

설사 지금의 폐단이 모두 조종의 법 제도에 기인한 것이라 하더라도 그 역시 마땅히 세조의 법 제도를 기준으로 삼되 이전의 법규를 다소 수정하여 떳떳하고 장구한 법 제도를 제정해야 하오. 하물며 그 폐단이 조종의 법 제도에 기인한 것이 아니라 대개 권간權姦들의 손에서 나온 것들일진대 그것을 선왕先王이 이루어놓은 헌법憲法처럼 준수해야 한다고 말하는 것은 무슨 까닭이오. 이것이야말로 궤변을 늘어놓으면서 어지러움을 조장하는 것이거늘 오히려 나더러 조종의 법 제도를 어지럽힌다고 말하시오.

이상 안민정책을 논하다.

제10장

교육정책을 논하다

論敎人之術

손님 폐단이 있는 제도를 개혁하여 안민한 다음에는 무엇을 해야 합니까?

  주인 양민養民한 다음에야 교화敎化를 행할 수 있는데, 교육을 베푸는 방법으로는 학교보다 급한 것이 없소.

  손님 조정이 학교 정책에 대해 좋은 방책을 강구하지 않는 것이 아닌데도 지금까지 효과를 보지 못한 까닭은 무엇입니까?

  주인 '소리를 그치고서 메아리를 구하고 모습을 감추고서 그림자를 찾는 일'은 옛날부터 지금까지 있을 수 없는 일이지요. 따라서 지금 학교 행정은 어찌할 수 없는 지경인데도 방치하고서 좋은 방도를 강구하지 않기 때문에 그 효과를 보지 못하는 것이지 공이 있는데 효과가 없는 것이 아니라오. 지금 훈도訓導[166]를 극히 천한 직업으로 여겨 반드시 빈곤하고 기댈 곳 없는 사람을 훈도직에 임명하여 굶주리거나 얼어 죽는 것만 면하게 하고 있소. 그러니 훈도직을 맡은 사람도 학생[校生]들을 상대로 그물질이나 하여 자기를 살찌울 따름이지요. [이런 상황에서] 교회教誨[교육]가 무엇인지 어찌 알겠소. 이렇게 하면서 인재가 육성되기를 바란다면 '나무에 올라가 물고기를 잡으려 하는 것[緣木求魚]'¹⁶⁷과 무엇이 다르오.

현재의 방책으로는 무엇보다도 8도의 감사들로 하여금 각 고을에 통첩하여 3년마다 1회씩 고을민 가운데 경전經典과 경사經史에 능통하면서 미래를 내다볼 줄 알아서 타인의 스승이 될 만한 사람을 뽑아 명단을 감사에게 보고하게 하고, 감사가 여러 고을에서 선발된 자를 종합하여 이조吏曹에 넘기면 이조가 그 명부를 살펴 널리 공론에 부쳐 다시 정밀성을 기하여 훈도를 선택하도록 해야 하오. 훈도를 임명할 때에는 반드시 고을민을 임명하되 고을에 적임자가 없을 때는 도민 가운데 적임자를 임명하고, 따로 기한을 두지 말고 오직 교육이 완전하게 이루어지는 것으로 기한을 삼아야 하오. 공무 때문에 지방으로 출장 가는 신료들로 하여금 훈도를 예로써 대우하게 하여 신료들이 향교에 들어오기 전에는 훈도가 그들을 영접하지 못하게 하고, 유생들의 시강試講 때를 제외하고는 훈도의 모든 공회公會 참석을 면제해주어 훈도로 하여금 몸가짐을 중하게 하고 배우는 자들을 면려勉勵하게 해야 하지요. 그리고 매년 감사가 친히 참석하여 학업을 시험할 때도 유생에게만 시험을 치게 하고 훈도에게는 시험을 치게 해서는 안 되오.

그리하여 훈도가 교육한 유생들이 도학이 숭상할 만한 것임을 알고 위의威儀를 정제하여 행검行檢을 신칙하고 독서에 힘쓰되 궁리를 요체로 삼는 경우 성적을 최상급으로 삼고, 유생들이 독서를 게을리하지 아니하고 품행에 흠이 없으면서 과거科擧의 세속 풍습을 면하지는 못했으나 승진에 현혹되어 지조를 잃지 않는 경우 2등급으로 삼으며, 유생들이 글의 뜻을 잘 이해하고 글을 잘 짓는 경우 3등급으로 삼아야 하오. 그리하여 성적이 최상급인 자는 나라에 보고하여 포상을 의논하되 6품직 이상에 임명하도록 함으로써 사림들을 독려하고, 2등급도 그 공로를 보고하여 자급資給을 더해 포상하도록 함으로써 더욱 교육에 힘쓰게 하며, 또 3등급에 대해서는 감사가 널리 장려함으로써 진보에 힘쓰도록 해야 하지요. 그러나 〔훈도의 교육이〕 여전히 변변찮아서 〔유생들이〕 별다른 성적을 올리지 못하는 경우에는 훈도를 좌천시키고, 여전히 탐욕스럽게 굴면서 학생들에게 토색질하는 자는 법으로 그 죄를 다스려야 하오. 이와 같이 한다면 훈도의 직책이 매우 중요해져서 훈도직을 싫어하던 선비도 기꺼이 취임하고자 할 것이오.

손님 지금의 반궁泮宮〔성균관〕은 수선首善[168]하는 곳인데 사림의 풍습이 날로 타락하여 학문이 무엇인지도 모르고 영리만 추구하려 합니다. 어떻게 하면 이것을 구제할 수 있겠습니까?

주인 이것은 유생의 잘못이 아니고 조정에서 지도하고 권장하는 방법이 옳지 못하기 때문이오. 오늘날 인재를 구하는 방법은 글재주만을 중시하고 도덕을 귀하게 여기지 않소. 그렇기 때문에 아무리 천하에서 다 통하는 학식을 가지고 있고 세상에 으뜸인 행실을 보유하고 있다고 하더라도 과거에 합격하지 않으면 그의 도를 사용할 방법이 전혀 없소. 게다가 반궁에서는 원점圓點[169]으로 선비를 모으기 때문에 선비들의 일상 행실이 모두 이익만을 추구하지 않는 경우가 없게 되었소. 지도하고 권장하는 것이 이와 같은 수준인데 선비의 행실을 어떻게 시정할 수 있겠소.

지금 쓸 수 있는 방책은 팔도八道와 서울의 오부五部[170]에서 해마다 한 번씩 생원과 진사를 뽑도록 하되, 유학幼學[171] 중에서 크게 학문에 뜻을 두고 옳지 않은 일은 하지 않는 사람을 뽑도록 하는 것이오. 이때 반드시 그 선발 기준을 너무 높여서는 안 되고 도학만이 높이 숭상할 만한 것임을 아는 사람은 모두 포함시켜 전체 명단을 이조와 예조에 넘기고 이조와 예조는 한곳에서 회합하여 그 명단을 조사하고 다시 의논해야 하오.

상사생上舍生〔관비 학생〕 200명을 선발하여 태학太學에 머물게 하되 이들을 매번 40명씩 5회로 나누고 시골에 있는 사람도 지정된 기일까지 반드시 도착하게 해야 합니다. 유학 200

명을 뽑아서 4학四學에 학교마다 50명씩 분배하고, 역시 5회로 나누어 1회에 10명씩의 선비들을 선발하게 하며, 별도로 유신儒臣 중에서 학문적 성취가 높고 행검이 높은 이를 발탁하여 태학과 4학의 관리로 삼아 유생을 교회하게 해야 합니다. 이때 오직 정학正學을 강명講明하는 것을 위주로 하여 그 학문이 오로지 인륜의 근본을 닦고, 사물의 이치를 밝혀 택선擇善하며, 수신하여 도덕적 성취를 기약하고, 치도에 능통하여 경제經濟(경세제민)에 목적을 두게 해야 한다오.

만약 학문과 행실 양자 모두 여기에 합치하는 사람이 있으면 조정에 발탁하여 대간臺諫·시종侍從의 반열에 위치하게 하고, 다음으로 이 정도는 아니지만 행실에 흠이 없이 나이 마흔이 넘은 사람은 백집사百執事의 직책에 임명하게 하되, 만약 도를 믿는 마음이 독실하지 못하고 행실을 검속하지 못하는 사람은 제적시키고 이조와 예조에서 다시 다른 사람을 선택하여 빈자리가 나는 대로 보충해야 한다오.

늠양廩養[172]을 주는 방법은 아주 깨끗하고 넉넉하게 하여 조정에서 현인을 대접하는 도리를 다해야 하오. 지방 출신이 유학으로 선발된 경우에는 그 수의 많고 적음에 따라 향교나 서원에 거주하게 하고 적절하게 분반한 다음 관청에서 필요한 물품들을 공급하여 훈도들이 교육받을 수 있도록 해야 하오.

지방의 선사 가운데서도 특히 학업과 행실이 탁월한 사람은 주州와 현縣의 수령이 감사에게 보고하고, 감사는 그 명단을 이조와 예조에 넘겨 그들을 태학의 하재下齋에 거주하게 하여 생원과 다름없이 대우하면서 그의 덕의 사실 여부를 살펴 조정에서 채용 여부를 결정해야 할 것이오.

무릇 이와 같이 할 때 선비라면 모두 덕과 의를 존숭할 것이요, 문예만을 일삼지 아니하고, 모든 백성이 흥기하여 사방이 이를 좇을 것이오.

손님 생원·진사·유학으로서 선사에 발탁되지 못한 사람은 소속을 어디에 두어야 합니까?

주인 생원·진사는 태학에 적을 두고 유학은 사학에 적을 두는 것은 전례를 따르되, 원점과 관양官養의 대상에는 해당시키기 않아야 옳소. 다만 석전釋奠,[173] 군주의 학교 시찰, 상소 등이 있을 때는 모두 모이고 식당에서 회식할 때는 참석하도록 할 수 있소.

손님 지방 출신 교생校生[174] 가운데는 글자 하나 모르는 사람도 많은데, 이들은 어떻게 처리해야 합니까?

주인 여러 군읍의 유생에는 모두 정원이 있소. 정원 이내의 유생은 쫓아내기 어려울 것이나 젊은이들을 찾아서 보충하고 나이가 많은데도 재주가 없는 자는 도태시켜야 하오. 정원 이외의 유생 가운데 교육하기에 적당하지 못한 자는 모두 군인에 보충하는 것이 좋을 것이오.

손님 지방의 이른바 업유業儒라고 하는 자들은 어떻게 해야 합니까?

주인 이들 가운데 교육할 만한 자는 선발하여 모두 향교에 소속시키고 가망이 없는 자는 도태시켜 모두 군인으로 충당하는 것이 좋겠지요.

손님 구속을 싫어하여 어느 곳에도 적을 두지 않은 채 문을 닫고 깊은 산속에 살지만 뜻이 높아 가난도 마다 않고 도를 닦아 덕의를 지녔다는 명망이 원근에 널리 알려진 사람이 있다면 어떻게 대우해야 합니까?

주인 그런 사람은 처사處士이니 불러올리되, 허실虛實을 살펴서 그 명성이 거짓이 아니면 마땅히 최고 대우를 하여 군주를 보필하는 직책에 임명해야 하지요.

손님 생원과 진사들이 원점을 하지 않는다면 과거에 응시하는 데 있어서 유학과 다른 점이 없지 않습니까?

주인 그렇소.

손님 선사와 일반 유생의 응시 규정에도 차이가 없습니까?

주인 식년시式年試[175]와 대과大科 별시別試[176]를 제외한 모든 정시庭試[177]에는 선사만 참여하게 하고 일반 유생은 참여하지 못하게 해야 하오. 식년시에는 생원과 진사 가운데 선사인 자만을 관시館試[178]에 응하게 하고 나머지 생원과 진사들에게는 향시鄕試[179]와 한성시漢城試[180]에 응할 수 있게 해야 하오. 이렇게 하면 모든 유생들이 선사의 중요함을 잘 알게 될 것이오.

손님 선생의 말씀이 그럴듯하니 삼대 때 인재를 얻는 방법도 아마 그랬을 것 같습니다. 하지만 이미 세상의 도가 쇠미해지고 백성의 거짓이 날로 더하여 선발할 때 공도公道를 지키지 않는 일이 일어날 가능성이 높은데 그러면 어찌합니까?

주인 이 역시 세속의 식견이오. 자고로 입법立法은 사람을 기다려 행하는 것이지만 사람이 없다고 해서 입법하지 않을 수는 없소. 법 제도가 행해져서 풍속이 차츰 바뀌고 선비가 염치를 알게 되면 사사로운 이해관계를 따르는 폐단이 저절로 고쳐질 것이고, 그렇지 않고 사사로운 이해관계를 따르는 폐단을 염려하여 지금까지의 상규常規만을 고집한다면 이욕利慾의 그물에서 벗어날 수 있는 사람이 없을 것이오. 그렇게 하면서 어찌 교육을 밝히고 인재를 진흥시킨다고 할 수 있겠소.

손님 세상에 현자는 지극히 드물고 어리석은 자는 지극히 많으니, 선생의 말씀대로 한다면 모든 세상 사람들이 군자를 원수로 여기지 않겠소?

주인 옛날부터 정치를 잘하는 사람은 처음에는 비방을 받기 마련이었소. 자산子産[181]이 정鄭의 재상이 되었을 적에 1년 동안 비방이 끊이지 않고 일어나서 모든 사람들이 그를 죽이고 싶어 했으나 3년이 지나자 오히려 모든 사람들이 그가 죽을까 걱정했소. 공자孔子[182] 또한 노魯에서 재상을 지내실 적에 처음에는 비난하는 노래가 퍼졌지만 교화가 행해진 다음에는 '자신을 사사로이 돌보지 않는다'고 칭찬하는 노래가 유행했소. 그러므로 오직 옛 도를 굳게 지키면서 변함없이 힘써 행하며 좌절하거나 성내지 말아야 하오. 그러면 후에 민심이 안정될 것이오. 나아가 이런 제도를 시행할 적에는 오직 잘못을 개혁하는 일만 문제 삼고 과거의 잘못은 덮어두어야 하오. 그리해야 군자도 더욱 분발하고 소인도 잘못을 고쳐 모두 도주陶鑄〔교화〕 속으로 들어가기를 원할 것이오. 그러니 어찌 원성과 비방이 멈추지 않을까 봐 걱정할 필요가 있겠소.

손님 왕도정치를 행하는 방법이 과연 이것이 끝입니까?

주인 내가 〔지금까지〕 말한 것은 모두 오늘날을 구제하는 대책이지 왕도의 극치는 아니오. 먼저 이 백성들을 편안하게 부양했다면 예악禮樂과 교화敎化를 점차 행해야 할 것이나 그것이 하루 이틀에 이루어지지는 않지요. 반드시 풍속을 아름답게 변화시키고, 산업을 안정시켜 정전제井田制의 뜻을 이루며, 인재 등용을 주나라 관제에 맞게 하고, 신神을 섬기기를 삼대의 예법에 맞게 한 후에야 왕도의 극치에 가깝게 될 것이오. 〔그러나〕 지금은 토지 소유가 무제한적이어서 빈부 차이가 심하고, 백성의 행실에 검속함이 없어 향약鄕約[183]이 무너졌으며, 과거 제도의 규정은 〔주나라의〕 빈흥賓興[184]보다 못하여 부끄럽고, 여전히 삼청단三淸壇[185]에서 초제醮祭를 지내니 이교異敎가 끊어지지 않았으며, 종묘의 예는 아직도 옛 제도에 합치되지 못하고 있소. 그런데 왕도의 극치를 어찌 쉽게 말할 수 있겠소. 이에 대해서는 다음에 별도로 설명하는 것이 마땅하오.

이상 교육정책을 논하다.

제11장

정명正名이
정치의 근본임을 논하다
論正名爲治道之本

손님 당면한 현재의 급선무가 오직 백성을 편안하게 하고 사람들의 사기를 진작시키는 것에 달렸다는 말입니까?

주인 좋은 질문이오. 백성을 편안하게 하고 사람들의 사기를 진작시키는 것이 진실로 현재의 급선무라오. 다만 아직 국시國是가 바로잡히지 못함으로써[186] 정명正名이 완전히 이루어지지 못해 백성을 편안하게 하고 사기를 진작하고 싶어도 그럴 수가 없소.

우리나라는 개국 이래 정사正邪, 소장消長이 사실 빈번하게 반복되었소. 그러나 그중에서도 사림이 한꺼번에 죽임을 당하고 국가의 운명을 뒤흔든 것으로 을사사화乙巳士禍만큼 심한 것이 없었소. 정순붕鄭順朋, 윤원형, 이기, 임백령林百齡,[187] 허자許磁[188] 등 다섯 간흉은 그 죄가 하늘까지 달하니 반드시 죽이고 결코 용서해서는 안 될 자들이오.

[당시] 문정왕후文定王后는 깊숙한 궁중에 계셨고, 명종明宗께서는 어려서 상喪을 당했으니 바깥세상의 시비를 어찌 분

명하게 알 수 있었겠소. 다섯 간흉이 이를 틈타 자신들의 사적 이익을 도모하고자 참혹한 살육으로 위세를 부리고 적몰한 재물로 자신들의 집을 부유하게 했소. 이리하여 유언비어를 만들어 상감의 귀를 기만하고, 형벌을 지나치게 남용하여 억지로 자백을 받아냈으며, 부정한 무리를 모아서 세력을 확장하고, 당대의 충성스럽고 어진 이들을 모두 몰아 반역이라는 깊은 함정에 빠뜨렸소. 게다가 그것도 모자라 공의公議가 끝내 없어지지 않을까 봐 두려워서 나직법羅織法[189]을 만들어 항간의 여론에서 조금이라도 시비를 분별하려는 자가 있으면 바로 '역신逆臣을 비호한다'는 명목을 씌워 삼족을 멸하는 법으로 추궁했던 것이오. 그래놓고도 이 흉악한 모의가 성공하자 자신들을 '위사공신衛社功臣'[190]이라 기록했던 것이오.

오호라! 인종께서 위독하실 적에 남긴 유언이 간곡했고, 또 중종의 적통 후계자가 오직 한 분밖에 안 계신 상황에서 형이 죽어 (그 적통 후계자인) 아우가 계승하는 것은 천리와 인도에 마땅히 부합하는 일이거늘 명종의 즉위에 저 다섯 간흉들이 세운 공이 무엇이란 말이오. 이때를 당하여 모든 관리들이 전율하고 모든 백성이 비분했으니 종묘사직이 망하지 않은 것만도 참으로 천만다행한 일이오.

근래 이들 다섯 간흉이 죽자 공의公議가 다시 일어나 위로는 왕족부터 아래로는 서민에 이르기까지 모두 비분강개하여 팔을 걷어붙이고 다섯 간흉의 고기를 씹고자 하는데 오직 주상께서만 이것을 모르고 계신다오.

  손님 주상께서 모르신다는 것을 어떻게 증명하십니까?

  주인 옛날에 곽공郭公[191]은 선한 사람을 좋아했으나 등용하지 못했고 악한 자를 미워했으나 내치지 못하여 결국 나라를 망치고 말았지요. 지금 우리 주상께서는 총명과 슬기가 모든 선왕들보다 뛰어나오. 그러므로 만약 다섯 간흉의 죄를 아시기만 한다면 반드시 불끈 성내시어 이미 죽은 자일지라도 주벌하셨을 터인데 지금까지 아무 소식이 없는 것으로 보아 주상께서 모르시는 것이 분명하지요. 오호라! 〔이러고야〕 여러 신하가 군주를 지성으로 섬긴다고 말할 수 없지요. 지금 가장 급선무로 해야 할 일로 정명보다 더 중대한 일이 없는데 주상께 보고하지 않음은 어찌 된 영문인지….

  공자께서 말씀하시기를 '이름이 바르지 않으면 말이 따를 곳이 없다. 말이 따르지 못하면 일이 이루어지지 못한다. 일이 이루어지지 못하면 예악 제도가 흥기하지 못한다. 예악 제도가 흥기하지 못하면 형벌이 공정하지 못하다. 형벌이 공정하지 못하면 백성이 수족을 둘 곳이 없다'라고 하셨지요.[192] 그런데 지금 충신들은 역적이라 배척되고 간신의 괴수가 공신으로 기록되어 있으니, 정명이 이루어지지 못함이 이보다 더 심할 수 없다오.

  현재의 대책으로는 먼저 다섯 간흉의 죄를 폭로하고 관작을 삭탈하여 위사공신이라는 공훈을 모두 삭제하고, 죄 없는 사람들을 모두 사면하여 종묘사직에 고하고 온 나라에 널리 알려 온 나라 사람들과 함께 다시 시작해야 하오. 이렇게 하면 위로는 조종의 영혼을 위로하고, 아래로는 조야의 분통한 마음을 풀어서 유신維新 정치가 차츰 이루어질 것이오.

손님 선생의 말씀은 참으로 시무에 적절합니다. 다만 이미 선왕께서 정하신 일을 후왕後王이 어찌 감히 바꾸겠습니까?

주인이 긴 한숨을 몇 차례 쉬고 말했다.

"세속의 견해가 이러하니 진정한 정치가 끝내 회복되지 못하는 것이오. '효孝라는 것은 부모의 뜻을 잘 계승하고 부모의 일이 잘 실행되는 것'[193]이오. 그런데 선인을 좋아하고 악인을 싫어하는 것이 명종의 뜻이셨고, 선을 권하고 악을 벌하는 것이 명종의 일이셨지요. 저 간사한 무리들이 군주의 총명을 속여서 비록 한순간은 간사한 술책을 부릴 수 있었지만 만세에 걸쳐 그 벌을 피할 수는 없을 것이오. 지금 우리 명종께서는 하늘에 계시지만 간사한 죄상을 훤히 파악하시고, 아득한 가운데서도 필시 진노하시어 우리 주상의 손을 빌리고 싶어 하실 것이오. 그러니 우리 주상께서 뜻을 계승하고 일을 실행하여 하늘에 계시는 명종의 마음을 받드셔야 하겠소 아니면 잘못된 것을 그대로 방치하여 지하에 있는 저 간흉들의 귀신을 즐겁게 해야 하겠소.

슬프도다! 국시가 정해지지 않으면 인심이 동요되기 쉽고,

정명이 미진하면 선정이 이루어지기 어려운 법이니, 간신들의 소굴을 소탕하여 국가의 원기를 보호하지 않으면 군자들은 믿을 곳이 없어 충성을 다하지 못할 것이고, 소인들은 엿보는 바가 있어 계속 악을 자행하여, 나라를 나라라고 할 수 있을지 알 수 없소.

만일 선생의 말처럼 이미 정해진 일이라고 하여 바로잡지 않는 것을 효라고 한다면 옛날 문왕은 상商을 섬겼는데 〔아들〕 무왕이 〔상의 군주〕 주紂를 친 일 또한 아버지의 뜻과 일을 계승한다는 취지에 배치된 일이 되겠군요."

손님이 두 번 절하고 나서 말했다.

"훌륭합니다. 선생의 말씀이여. 선생의 말씀이 시행된다면 장차 동방에서 삼황오제 때의 진정한 정치를 볼 수 있겠습니다."

주인은 물러가서 서로가 문답한 내용을 기록했다.

이상 정명이 정치의 근본임을 논하다.

해제

선조에게 올리는 청년 이이의 수기치인의 정치개혁 보고서

1. 인간 율곡과 생애

(1) 생과 사

이조판서 이이李珥가 졸卒했다. 이이는 병조판서 재임 시절부터 과로 때문에 병이 들었는데 근래 병세가 악화되어 주상께서 줄곧 의원을 보내 치료하게 할 정도였다. 그런데 최근 서익徐益이 관북 지역 순무어사巡撫御使가 되어 나가게 되었을 때 주상께서 그로 하여금 이이를 문병하고 국방에 관한 일을 물어보게 했다. 〔이에 순무어사 서익이 이이의 집에 도착했는데〕 자제들이 이이에게 현재 병이 조금 차도가 있기는 하지만 여전히 무리하면 안 되니 응하지 말라고 말렸다. 그러나 이이는 '내 몸은 오직 나라를 위해 있을 뿐이다. 만약 이 일로 인하여 병이 더 심해지면 그 또한 운명이다'라고 하고는 가까스로 일어나 서익을 맞이했다. 그러고는 구두로 〔군사 업무에 관한〕 〈육조방략六條方略〉을 불러주었다. 다 받아쓰자 이이가 기절

했다가 다시 소생했으나 끝내 하루 만에 졸했다. 향년 49세
다….

《조선왕조실록》이 전하는 율곡의 사망과 관련된 기록의 일부다.194 원래 《조선왕조실록》은 해당 군주가 죽은 후 실록청을 세우고, 이곳에서 해당 시기 주요 문건들을 전국적으로 소집한 다음 그중 중요한 사건들을 뽑아 작성한다. 그런데 1584년 1월 16일에 닥친 율곡의 죽음을 아직 그가 죽지 않았을 때인 1월 1일 자에 기록하고 있다. 이것은 율곡의 죽음이 새해 첫날의 기사에서 언급할 만큼 그해의 큰 사건이었음을 의미하며, 이는 그만큼 그의 죽음이 당시 중요하게 간주되었음을 의미한다.

전통 시대 인물들 가운데 한국 지성사에 이름을 남긴 이들은 대개 장수한 경향이 있다. 70세에 생을 마친 퇴계 이황, 83세까지 살다 간 우암尤庵 송시열宋時烈(1607~1689), 77세에 생을 마감한 화서華西 이항로李恒老(1792~1868) 등이 그렇다. 이에 반해 율곡은 중종 31년(1536)에 태어나 선조 17년(1584) 1월 16일에 삶을 마쳤으니, 만 47년의 수壽를 누렸다. 상대적으로 요절했다고 하겠다. 짧은 생애여서 그랬는지 율곡은 참으로 부지런히 살았다. 끊임없는 지적 추구, 그 결실로서의 저술 활동, 그리고 앞의 인용문에서 극명하게 드러나듯이 열정적인 정치적 실천, 이 삼박자가 그의 짧은 생을 빈

틈없이 채웠다.

율곡은 1536년 음력 12월 26일 강릉부 북평촌 외가에서 이원수李元秀와 신사임당申師任堂의 4남 3녀 중 3남으로 태어났다. 사임당의 태몽에 용이 나타났다 하여 율곡의 아명은 '현룡顯龍'이었다. 11세 때 우리에게 익숙한 '이珥'로 개명했다. '이珥'라는 글자는 '청력에 있어서 제1인자' 또는 '귀한 귀'라는 뜻이니, 한자식으로 이해하자면 '타인의 말을 잘 이해하는 현명한 사람'이고, 유교식으로 이해하자면 '유덕자有德者', 곧 '군자'다. 조선시대에는 군주의 정책 결정 행위를 가리켜 흔히 '청정聽政'이라 했다. 좋은 정치란 최고 권력자가 자신의 의지를 결정하기 전에 남의 말, 특히 신료들의 좋은 건의나 제안을 잘 듣고 수용할 때 실현 가능하다는 유교적 인식이 그것을 '청정'으로 표현하도록 만들었던 것이다. 예나 지금이나 옳은 말이다. 어쨌든 '훌륭한 사람, 훌륭한 정치가'가 되라는 부모의 소망이 담긴 이름이 '이珥'다.

율곡의 대표적인 호는 율곡栗谷, 석담石潭, 우재愚齋 세 가지를 들 수 있다. '율곡'은 '밤이 많은 동네'를 의미하는데, 그의 본가 고향 마을(경기도 파주시 파평면 율곡리)의 이름에서 딴 것이다. '석담'은 그의 처가가 있던 해주의 계곡 이름이자 후일 그가 100여 명의 대가족 공동체를 꾸렸던 곳의 지명에서 기인한 것이다. '우재'란 '어리석은 자의 서재'라는 뜻이니, 겸손함이 엿보이는 자기 규정의 아호다.

율곡의 자字는 숙헌叔獻이다. '숙'은 막내라는 뜻이니 율곡이 셋째 아들인 데서 연유한 것이고 '헌'은 어질다는 뜻과 현인이라는 뜻을 겸하니 율곡의 인격과 학문의 성격을 의미한다고 하겠다.

율곡이 사후 인조 2년(1624)에 국가로부터 받은 시호諡號는 '문성文成'이다. 율곡이 도덕道德과 박문博聞을 겸비하여 '문'을, 안민安民과 입정立政을 이루어 '성'을 받게 되었다고 한다.

29세 때 대과(명경과)에서 〈역수책易數策〉으로 장원 급제한 후 율곡은 실무 핵심직인 호조좌랑에 임명되었다. 이때부터 49세 들어서자마자 사망하기까지 그는 20여 년 동안 저술과 관직 활동이라는 두 세계 속에서 헌신적인 삶을 살았다. 《동호문답東湖問答》, 〈만언봉사萬言封事〉, 〈천도책〉, 《성학집요聖學輯要》, 《경연일기經筵日記》 등의 저술을 남겼으며 호조좌랑에서 홍문관 직제학, 성균관 대사성, 이조판서 등 문관 최고직은 물론 국가의 국방과 안전을 책임지는 최고 군사령직인 병조판서까지 역임했다. 다시 말해서 29세 이후의 만 20년이 못 되는 율곡의 여생은 '주자학적 유교의 조선화'와 '그것의 정치적 실천'에 헌신적으로 몸 바친 시기였다. 원래 유교나 그 분파학인 주자학의 궁극적인 목표는 정치가로 하여금 유교적 지식과 소양을 연구하고 연마하여 정치적으로 실천하게 하는 것이다. 즉 진정한 유자儒者는 자신이 속한 정치 공동체에서 정도正道를 통해 자신의 유교적 이상과 포부를 펼칠 때 비로소 소임을 다했다고 할 수 있다. 우리가 기억하는 많은 조선시대 사상가들이 사상가이자 학자일 뿐만 아니라 동시에 관료였던 것은 그 때문이다. 곧 학자와 정치가의 겸직은 조선시대식 지행일치知行一致인 것이다.

이조판서가 되어 다시 중앙 정계로 돌아온 지 얼마 안 된 48세에 율곡은 병이 들었다. 그는 다시 병조판서직까지 제수되었고 그동안 율곡에 대한 호오好惡 면에서 변덕스러웠던 선조도 율곡에게 절대적인 신임을 보내기 시작했다.[195] 그러나 이제는 부질없는 일, 49세의 문턱을 넘기가 무섭게 율곡은 세상을 떠나고 말았다. 서울 대사동大寺洞[196] 집에서의 일이다.

죽음 당시의 상황은 서두에서 《조선왕조실록》의 묘사를 빌려 설명한 바 있듯이, 북방을 순무巡撫하러 가는 서익에게 선조가 특별히 율곡을 방문하여 조언을 듣고 갈 것을 명했고, 율곡은 자식들의 만류에도 불구하고 북방순무사로서 서익이 유념해야 할 〈육조방략〉을 다 불러준 후 숨을 거두었다. 율곡의 죽음이 전해지자 선조는 크게 통곡하고 3일 동안 조회를 폐지했으며 장례를 후하게 치르도록 지원했다.

율곡은 지금 파주시 자운산 선영에서 모친 사임당, 부친 이원수 공과 함께 영면하고 있다.

광해군 7년(1615) 율곡을 추종하는 후학들이 선영에 자운

서원紫雲書院을 건립한 것을 시작으로 이후 율곡은 해주의 서현서원(은병정사隱屛精舍), 파주의 자운서원, 강릉의 송담서원 등 전국의 20여 개 서원에 배향되었다. 숙종 8년(1682)에는 유학자에게 최고 영예인 문묘(공자 사당)에 배향되었다.

(2) 성장기

이제 율곡의 생애와 학문 세계를 간략하게 살펴보자(여기서부터 이후 생애에 관한 부분은 조선시대식 전기류傳記類의 하나인 〈행장行狀〉에 입각한 것이다). 율곡은 3세 때 말과 글을 깨쳤고, 7세부터는 어머니 사임당에게 본격적으로 글쓰기를 배웠다. 그 결과물로 율곡은 7세 때 이웃에 사는 인물의 소인배상을 묘사한 〈진복창전陳復昌傳〉이라는 인물전을 지었는데, 후일 사화기 때 실제로 그 주인공이 악역을 적지 않게 담당한 소인배로 밝혀졌다고 한다. 8세 때에는 〈화석정花石亭〉이라는 시를 지어 세간을 놀라게 했는데, 이 시에 대해서는 '들어가는 말'에서 소개한 바 있다.

율곡과 사임당의 관계는 서로 독실하게 자효慈孝하는 모자 관계였을 뿐만 아니라 교학상장敎學相長하는 사제 관계이기도 했다. 그것도 일반적인 사제 관계가 아니라 평생의 정신적 스승과 제자 관계였다. 그래서 율곡이 16세 때 맞이한 사임당의 죽음은 그로 하여금 커다란 정신적 방황을 겪게 했다. 그는 3년상을 마친 뒤 1년간 봉은사, 금강산 등 절로 산으로 헤매는 생활을 하고 나서야 제자리로 돌아올 수 있었는데, 이것은 율곡의 생애를 통틀어 거의 처음이자 마지막 방황이었다. 한편 이때의 불교 사찰 방문은 후일 그가 관직 생활을 할 때 반대파들이 두고두고 그의 파직을 주장하는 데 빌미가 되기도 했다.

13세부터 29세까지의 율곡의 삶은 과거시험을 즐기는 삶이었다고 해도 과언이 아니다. 남들의 경우 평균 30세에, 늦게는 40세에야 겨우 한 번 어렵게 등과하는데, 율곡은 13세 때 진사 초시에 장원 급제한 이래 무려 아홉 번이나 장원 급제를 했기 때문이다. 심지어 29세 때는 한 해에 생원·진사시 그리고 대과까지 급제하는 등 세 차례나 등과했다. 이러한 과거시험에서의 장원 급제 이력으로 인해 그는 '구도장원九度壯元'이라는 별칭도 가지고 있다. 그렇다고 그가 과거시험 지상주의자였던 것은 아니다. 독자들이 《동호문답》에 제시되었던 그의 주장을 기억할지 모르지만, 그는 인재 등용을 과거시험 출신자에 한정하는 것은 문제가 있다고 하면서, 올바른 인사를 등용하기 위해서는 과거시험 출신자가 아닌 이들 중에서도 덕망과 능력을 갖춘 이를 추천받아 요직에 임용해야 한다고 강조했다.

(3) 관직 생활

율곡은 오늘날의 재무부 실무직에 해당하는 호조좌랑을

시작으로 관직 생활 초년이라고 할 수 있는 4~5년 사이에 예조좌랑, 사간원 정언, 사헌부 지평, 성균관 직강, 이조좌랑 등을 두루 역임했다. 호조·예조·이조좌랑은 각각 국가 재정·예법·인사 문제를 담당하는 실무직이고, 정언·지평은 국왕이나 관료들의 부정과 비리를 간쟁하고 탄핵하는 실무직이며, 직강은 조선 최고의 학문과 문장을 관장하는 실무직이다. 또한 그는 선조 1년인 33세 때에는 서장관書狀官[197] 자격으로 명明나라에 다녀옴으로써 공식적인 외교 업무를 수행하는 경험뿐만 아니라 새로운 해외 문물을 접하는 기회도 누릴 수 있었다. 명나라에 다녀온 직후에는 홍문관 교리를 역임했다. 바로 이때 사가독서賜暇讀書의 영광을 누리게 되는데, 이 연구 휴가의 결과물이 바로 《동호문답》이다.

율곡이 중앙직에만 있었던 것은 아니다. 36세(1571) 때에는 민생을 직접 접하기 위해 청주목사에 부임했으며 3년 후인 39세 때 다시 황해도 해주목사에 부임하기도 했다. 지방관 시절 그의 민생에 대한 높은 관심은 특히 향약의 강구·실시로 나타났다. 청주목사 시절 그는 〈서원향약西原鄕約〉을 지어 청주목 백성들을 상대로 직접 향약을 시도했고, 해주목사 시절에도 지난번 향약을 보완하여 〈해주향약〉을 작성하고 직접 실천했는데, 이 향약은 후일 조선 향약의 표본 중의 하나가 되었다. 또한 그는 기타 여러 가지 민생 관련 정책들을 직접 개혁하여 해당 지역에 망설이지 않고 실시하기도 했다.

당시 그가 직접 실시했던 개혁책들 가운데 하나는 《동호문답》에 구체적인 대안의 예로 제시되기도 했다.198 그 정도로 그의 개혁책은 모범적이고 성공적이었다.

40세를 전후한 시기부터 임종 전까지 10년 동안은 율곡이 형식적으로는 중앙의 요직을 두루 역임함으로써 정치가로서 무언가 이룰 수 있을 듯하면서도 결국은 성사시키지 못한 안타까운 시기였다. 이 시기에 율곡은 일단 홍문관 직제학, 사간원 대사간, 사헌부 대사헌 등 국가의 언론과 학문을 책임지는 부서의 최고 수장직에서부터 국가의 문무 인사권 전체를 관할하는 이조판서, 병조판서직까지 고루 역임하는 등 외양적으로는 국가로부터 중용된 듯한 인상을 준다. 그러나 그 이면을 들여다보면 꼭 그렇지만은 않음을 알 수 있다. 임용된 지 얼마 안 되어 다른 자리로 이직되거나 반대하는 사람들로부터 탄핵을 당하는 등의 이유로 율곡 스스로 사직하거나 하여 실제로는 그 자신의 정치적 소신과 포부를 제대로 실천할 기회가 없었다. 예컨대 후일 한국 붕당사의 효시가 되는 김효원과 심의겸의 일로 조정의 견해가 분리되었을 때, 율곡은 이것을 붕당 조짐으로 인식하고 어떻게 해서든 봉합하려는 노력을 기울인 데 반해 반대파들은 이러한 율곡의 태도를 놓고 지속적인 정치적 공세를 취했고, 선조는 선조대로 율곡의 건의를 늘 '좋은 제안이지만 시기상조'라며 건성으로 듣고 넘기는 식이었다. 이에 율곡은 이러한 정치적 환경에 실망하여 사직했다가 그래도 유자의 사명감에서 발로된 미련을 버리지 못하고 다시 출사하는 등 사직과 출사를 반복했던 것이다.

(4) 저술 세계

율곡은 핵심 관직을 두루 역임하는 동안에도 저술 활동을 멈추지 않았다. 이 점 또한 조선시대 여느 학자들과는 다른 점이라고 하겠다. 물론 조선시대가 기본적으로 유학자들이 정치를 하는 지식인 지배 체제였기 때문에 우리가 알 만한 정치가들은 누구나 유교 지식인이었고 따라서 문집 한두 권쯤 남기지 않은 정치가가 없다. 하지만 우리가 이름을 들어 알 만한 저술을 남김으로써 조선시대 지성계나 학계를 대표하는 학자들은 대체로 재야에 머무르며 학문 활동에 종사하거나 그렇지 않으면 유배 시기에 지적 작업을 수행했던 사람들이다. 퇴계가 주로 한직閒職으로 돌면서 학문 활동을 병행했다면 성호星湖 이익李瀷(1682~1764)은 관직 생활에 대한 미련을 접고 재야 생활로 일관했으며, 다산茶山 정약용丁若鏞(1762~1836)은 유배 시기에 대표적인 저술들을 집필했던 것이다. 그만큼 훌륭한 정치가로서의 삶과 훌륭한 학자로서의 삶을 병행한다는 것은 쉽지 않다는 말일 게다. 율곡은 어려운 이 양자의 삶을 병행했던 드문 인물이다.

한국 지성사에 큰 획을 그은 율곡의 학문과 사상의 세계는 크게 두 분야로 나뉜다. 성리학, 곧 요즘의 철학 분야와 경세론經世論, 곧 사회과학(포괄적 범주의 정치학) 분야가 그것이다.

율곡이 〈인심도심설人心道心說〉이나 〈답성호원答成浩原〉 등의 글들에서 펼친 이기일원론理氣一元論적 이기론理氣論, 곧 성리학적 업적은 이기이원론理氣二元論에 입각한 퇴계 이황의 업적과 함께 이후 각각 기호학계와 영남학계로 나뉘는 조선의 양대 산맥에 정신적 기반을 제공했다. 그의 성리학적 업적은 조선 성리학의 찬란한 금자탑이라 하지 않을 수 없다. 그러나 여기서는 경세론을 주로 다룬 《동호문답》을 통해 율곡의 학문과 사상을 살펴보는 데 목적을 두고 있으므로, 그의 심오한 성리학 세계를 살펴보는 것은 별도의 기회로 미루기로 한다.[199]

경세론과 관련된 율곡의 저술은 다시 네 분야로 나뉜다. 성학론 혹은 군주론, 정책 건의서, 교육학, 그리고 기타가 그것이다. 그리고 이들 분야의 저술들은 대부분 이후 해당 분야에서 고전의 위치를 점하게 되었다. 첫째, 율곡의 군주론 혹은 성인론聖人論인 《성학집요》는 이상적인 군주의 모델을 이론적으로 추구하여 현실 군주의 귀감으로 삼고자 했던 방대한 저서로, 퇴계의 《성학십도聖學十圖》와 함께 조선시대 주자학적 군주론의 고전이 되었다. 둘째, 율곡이 관직 생활 중 쉼 없이 조정에 제출했던 제반 정책 건의서들, 곧 《동호문답》

은 물론 〈만언봉사〉, 〈진시폐소陳時弊疏〉, 〈사대사간겸진세척동서소辭大司諫兼陳洗滌東西疏〉, 〈시무6조時務六條〉, 〈진시사소陳時事疏〉 등은 동서 붕당 조짐의 해소책 강구의 필요성뿐만 아니라 공납貢納 제도의 개혁을 통한 민생 경제 확립, 서얼소통庶孼許通과 공사천속량公私賤贖良 법 제안 등을 통해 불공평한 신분제로 인한 국가 인력 낭비와 위화감을 해소할 필요성, 교육제도 개혁과 국방력 강화를 통한 국가의 백년대계 모색 등 당대의 가장 긴요한 문제와 그 해결책들을 담고 있다. 율곡의 이러한 정책 제안서들은 당대의 가장 시급한 문제를 다루고 있으면서도 그 처방책의 방향이 시대를 초월한 이론적 깊이를 갖춘 것들이어서 후일 실학 사상가들의 전범典範이 되었다. 셋째, 율곡은 학문과 교육의 대중화에도 노력을 기울였다. 즉 그는 《사서오경언해四書五經諺解》를 편찬하여 사서오경의 한글화를 시도했는데, 이는 기본적으로 유교 및 주자학의 대중화를 도모한 것이라 할 수 있다. 또한 그는 〈학교모범學校模範〉을 지어 구체적인 학교제도 개혁안을 제출했고, 《격몽요결擊蒙要訣》과 《소학집주小學集註》 등을 저술하여 아동 교육에도 깊이 있는 대안과 해석을 제시했다. 마지막으로 율곡이 45세 되던 해에 지은 〈기자실기箕子實記〉와 다음 해에 완성한 《경연일기》를 언급하지 않을 수 없다. 〈기자실기〉는 유교에서 실천적인 이상 사회의 모형으로 간주하는 주周 문화의 상징 인물인 기자箕子가 조선으로 동래東來했다는 설에 관한 것으로 기자조선箕子朝鮮에 관한 최초의 체계적 저술이다. 〈기자실기〉는 기자가 조선으로 온 만큼 조선이야말로 중화中華, 곧 문명의 본고장이라는 함의를 내포하고 있는 저술이라고 할 수 있다. 따라서 이것은 후일 17세기 이후 형성된 조선중화주의에 이론적 기초를 제공했다. 한편 《경연일기》는 율곡이 선조에게 경전과 정책을 강의하면서 주고받은 내용과 감회를 적은 것으로 율곡의 인식 세계는 물론 경연 석상에서 이루어지는 조선시대 군신君臣 간의 대화 구조와 풍경을 엿볼 수 있는 중요한 1차 자료의 성격도 풍부하게 지니고 있고, 나아가 당대 정치사에 관한 중요한 자료를 제공해준다.

끝으로 율곡의 생애와 관련된 일화 하나를 소개하고자 한다. 율곡에게는 나름대로 자치론적 공동체주의를 지향하는 면모가 있었던 듯하다. 이미 앞에서 청주목사와 해주목사 시절에 그가 향약을 시도했다고 언급한 바 있지만 그의 공동체주의적 경향은 여기서 그치지 않는다. 41세 때 관직 생활에서 자신의 소신을 제대로 펼치기가 쉽지 않다고 판단한 그는 100여 명에 이르는 대가족을 이끌고 처가가 있는 해주 석담으로 들어가 자치 규약인 〈동거계사同居戒辭〉를 선포하고 구족九族으로 구성된 자치 공동체 생활을 시작했던 것이다. 이것은 즉흥적으로 벌인 일이 아니었다. 율곡은 34세 되던 해인 선조 4년(1571)에 친구들과 석담구곡石潭九曲을 구경한 후

이곳에서 은거할 계획을 세우는 등 일찍이 이런 지향을 갖고 있었던 것이다. 석담에서의 이 구족 공동체 생활은 경제적인 이유로 오래 유지되지 못했지만, 이는 관직 생활을 할 때건 재야에 있을 때건 바람직한 공동체 생활에 대한 관심을 거두지 못했던 율곡의 일면을 보여주는 일화라고 하겠다.

2. 《동호문답》의 내용과 구성

'동호東湖에서 묻고 대답함'이라는 의미를 가진 《동호문답》의 구성과 내용에 관해 간단하게 요약해보기로 한다. 본문에서 확인했듯이 《동호문답》은 손님과 주인이 서로 문답을 주고받는 대화체의 글이다. 그러나 손님은 수동적이고 소극적인 데 반해 주인은 능동적·일방적으로 의견을 개진하므로 적극적인 의미의 대화체라고 보기는 어려울 것 같다.

《동호문답》은 명시적으로 ① 군주의 길, ② 신하의 길, ③ 좋은 군주와 좋은 신하가 만나기 어려움, ④ 고려 때까지 도학이 행해지지 못한 이유, ⑤ 조선과 왕도정치 회복의 관계, ⑥ 금일의 시대 정세, ⑦ 무실務實이 수기修己의 요체, ⑧ 간인姦人의 판별이 용현用賢의 요체, ⑨ 안민정책, ⑩ 교육정책, ⑪ 정명正名의 실천이라는 총 11개의 주제를 다루며, 이 주제들이 전체 11개의 장을 하나씩 구성하고 있다. 그런데 이 11

개 장은 크게 3부로 재배치될 수 있다. 1부는 1장부터 3장까지로, 일반론의 형식을 빌려, 성군이 되어 진정한 치세를 이루겠다는 의욕을 갖도록 선조를 부추기면서 그에 필요한 군주의 자세를 요구하는 것이다. 2부는 4장에서 6장까지로, 조선의 역대 정권의 성격과 현재의 정치 현실을 점검하면서 선조로 하여금 자신의 위상과 역할을 성찰하게 하는 것이다. 3부에 해당하는 7장에서 11장까지는 사실상 율곡이 선조에게 말하고 싶어 하는 핵심적이고 직접적인 내용으로서 당시 선조가 군주로서 시급하게 해결해야 할 문제들과 그 해결 방향을 제시하는 글이다. 이러한 구성은 다음과 같이 바꾸어 설명할 수도 있다. 즉 1부를 통해 율곡의 정치학 자체에 대한 시각을 엿볼 수 있다면 2부를 통해서는 조선 민족사와 당대에 대한 인식을, 3부를 통해서는 당대 개혁안에 대한 인식을 확인할 수 있다.

1장에서는 논제 그대로 치治·란亂의 정치 유형과 원인을 논하고 있다. 기본적으로 왕도정치나 패도정치는 치세에 속하고 폭군暴君, 혼군昏君, 용군庸君의 정치는 난세의 정치인데, 치세와 난세의 궁극적인 갈림길은 군주가 얼마나 현명한 신하를 발탁하며 또 얼마나 그의 말을 신임하는가에 달려 있다. 단 율곡의 경우 치세는 인의仁義를 가탁한 정권이라는 점에서 궁극적으로 왕도정치와 다르다고 본다는 점에서 맹자를 그대로 계승하고 있다.

2장에서는 신민臣民, 곧 치자로서의 관료와 피치자로서의 자연인의 유형에 대해서 논한다. 의미 있는 관료 유형으로는 대신大臣·충신忠臣·간신幹臣으로서 각각 군주와 백성을 요순堯舜과 같은 군주, 요순 시대의 백성처럼 만들고자 하는 자, 자신을 돌보지 않고 왕을 섬기고 사직을 보호하는 자, 재능이 한 자리는 족히 감당할 만한 사람으로 항상 직분을 지키는 자다. 반면 의미 있는 피치자의 유형으로는 천민天民·학자學者·은자隱者가 있는데, 각각 천하를 구제할 재능을 갖추었으되 때가 오기를 기다리는 사람, 학문이 부족함을 헤아려 항상 정진하면서 경솔히 나아가지 않는 사람, 고결한 인격을 갖추고 있지만 숨어 사는 사람으로 구분된다.

3장에서는 좋은 군주와 좋은 신하가 만나기 어렵다는 점에 대해 논한다. 특히 보편적인 학문을 의미하는 '도학', 곧 '유학'을 제대로 공부한 진유眞儒와 진유를 알아보고 등용할 줄 아는 군주의 만남만이 진정한 수기치인修己治人의 통일적 실천을 수행하는 길인데 현실에서 이것의 실천이 쉽지만은 않다고 강조한다.

4장에서는 고려시대까지 우리나라에서 도학이 행해지지 못한 이유에 대해 논한다. 진유란 출사해서는 도를 이루어 안민安民하고 퇴사해서는 세상에 교화敎化를 베풀어 타인들을 올바르게 인도하는 자인데, 불교가 국교였던 고려시대까지의 우리나라에서는 기자조선시대를 제외하고는 수천 년 동안 이런 진유가 없었고, 진유가 없었기에 도학도 행해지지 않았다.

5장에서는 조선에서 옛 도를 회복하지 못함에 대해 논한다. 율곡에 따르면, 유교가 국시인 조선시대에 들어와서는 본질적으로 사정이 달라졌다. 특히 성군 세종 대의 정치는 볼 만했다. 다만 세종의 경우 군주는 성군이었으나 제대로 보필할 만한 진유의 신하가 없어 왕도정치를 이루지 못했다는 것이 율곡의 평가이다. 더욱이 연산군 때에 와서 사화를 당하여 왕도정치가 크게 손상되었을 뿐만 아니라 그 여파가 아직도 남아 있어 선비들의 사기가 저하되어 백성을 위한 제반 제도가 개혁되지 못한 상태다.

6장에서는 선조 시대를 맞이한 당대 조선이 여느 때보다 왕도정치를 펼치기 좋은 시기임을 강조한다. 선조라는 성스럽고 밝은 군주가 있고, 조정에 이전과 같은 간신배들이 존재하지 않는다는 점 때문이다. 아직 연산군 때의 여파가 남아 있기는 하지만 근본적으로 왕도정치를 이루고자 하는 군주의 의지만 확고하다면 다른 문제는 없다.

7장에서는 왕도정치를 실현하기 위해 선조가 수기修己해야 할 실질적인 내용들에 대해 구체적으로 논한다. 무엇보다도 왕도정치를 하겠다는 입지立志가 급선무이며, 입지에 따른 수기의 구체적인 내용은 ① 이치를 궁구하여 본성을 다하고, ② 백성들을 새롭게 하며, ③ 아내에게 모범이 되며, ④

검소한 생활을 하며, ⑤ 박시제중博施濟衆하며, ⑥ 예악을 닦아 밝히는 일에 뜻을 두는 것이다. 입지 후에는 무실이 중요하고 형식에 힘써서는 안 된다. 이때 무실이란 격물치지格物致知·성의誠意·수신修身·효친孝親·치가治家·용현用賢·거간去奸·보민保民·교화敎化의 구체적인 내실을 추구하는 것이다.

8장에서는 선조가 왕도정치를 이루는 데 있어서 치인의 문제로 가장 먼저 실천해야 하는 용현, 즉 반드시 간사한 이를 멀리하고 현인을 관료로 등용하는 일을 논한다. 그런데 현재 선조는 경연에서만 신하를 만나는데다가 그나마 줄지어 나아갔다가 줄지어 들어오는 데서 알 수 있듯이 형식적인 군신의 만남만을 행하고 있는데, 이것은 신하의 현부賢否 여부를 판단할 수 없으므로 개선할 것을 논한다.

9장에서는 당시 가장 시급한 안민정책이 무엇이며, 왜 필요한지 그리고 그 방향은 어떠해야 하는지, 곧 민생정책의 구체적인 개선 방향에 대해 논한다. 가장 시급한 민생 문제는 그릇된 과세제도(일족절린一族切隣), 불합리한 공물 진상(진상번중進上煩重), 이서들의 공물 대납에 의한 폭리 추구(공물방납貢物防納), 국역 불균형 현상(역사불균役事不均), 그리고 지방 하급 관료의 부정부패와 대민 수탈(이서주구吏胥誅求)에 따른 문제를 근절시키고 바로잡는 일이었다. 이외에도 양전量田 사업과 과세제도 등을 개선하고 승려 등 노는 사람들과 관료의 숫자를 줄여야 한다고 강조한다.

10장에서는 시급한 교육정책의 문제점과 개선 방향에 대해 논한다. 교육의 기초를 튼튼히 하기 위해 지방 교육에서는 교사인 훈도訓導에 대한 지원책, 중앙 고등교육 차원에서는 성균관 운영책과 궁극적으로 관료 선발제도의 개선을 제안한다. 다만 유생幼生과 업유業儒들 가운데 나이가 많은데도 능력이 안 되는 자는 성균관이나 서원에서 탈락시켜 군인이나 생업에 보충해야 한다고 했다.

11장에서는 '정명正名이 정치의 근본'이라는 논제하에 정치계의 숙정과 사면을 촉구한다. 즉 을사사화의 주역들이 이름을 훔친 '위사공신衛社功臣'(사직을 보위한 공신)이 그대로 존속하고 있는 것은 부당하니 공훈과 관작을 삭제, 삭탈하는 대신 무고한 이들을 모두 사면함으로써 유신정치를 시도해야 한다고 논한다.

이상 《동호문답》에서 소개된 순서를 그대로 좇아 간단하게 내용을 요약해보았다. 여기서 독자들은 새로운 시대를 맞이한 젊은 관료 율곡이 새로운 군주 선조와 함께 정치다운 정치를 펼쳐보려는 의욕에 차 있음을 알 수 있다.

3. 조선 전기 수기치인의 정치학

(1) 왕도정치의 관건: 정치 주체의 입지와 무실

손님 주상께서 삼대의 정치를 회복하고자 할 때 무엇을 급선무로 하셔야 합니까?

주인 입지立志(뜻을 세우는 것)보다 앞서는 것은 없지요. 옛날부터 유위有爲하는 군주는 먼저 자신의 뜻을 정하지 않은 이가 없었소. 왕도정치에 뜻을 두면 요·순의 정치와 교화도 모두 내 분수 안의 일이 되겠지요. 그리고 패도정치에 뜻을 두더라도 한漢·당唐의 소강小康 정도는 가능하겠지요. 그러나 옛사람이 '법으로 세금을 가볍게 거두도록 해도 그 폐단은 오히려 탐욕을 초래한다'라고 했듯이 지금 만약 패도정치에 뜻을 둔다면 그 정치의 법도와 제도의 수준은 필시 한·당에도 미치지 못할 것이오. 어찌 지사들을 개탄하게 만들지 않겠소.

…

손님 이미 입지했다면 다음에는 무엇을 해야 합니까?

주인 입지 후에는 무실務實만 한 것이 없지요.

《동호문답》, 7장

율곡은 《동호문답》의 1~3장에서 줄곧 치세와 난세의 관건은 군주 한 사람의 일심一心에 달려 있으며, 그것은 결국 현명한 신하를 등용하는 능력과 등용 후 일을 소신껏 할 수 있도록 절대적으로 신임하는 포용력에 있다고 강변한다. 물론 이 말은 동서고금을 막론하고 맞는 말이다. 진리다. 그리고 이것을 일반화하면 결국 기본적으로 치세의 군주가 되기 위해서는 현명한 신하를 등용하여 그에게 절대적인 권한을 부여하는 군신공치君臣共治 체제를 지향해야 한다는 논리가 된다. 이것은 바로 주자학의 기본적인 정치체제 이론이기도 하다. 그리고 한국 정치사상사 차원에서는 14세기 말 15세기 초 조선 건국기에 삼봉三峰 정도전鄭道傳(1337~1398)이 내세운 재상정치론宰相政治論과 맥을 같이하는 것이기도 하다.

율곡에 따르면, 고려 때까지는 기자조선을 제외하고는 '출사해서 안민安民하고 퇴사해서 세상을 교화敎化하는' 진유가 존재하지 않았다. 유교 문명이 이상적 모델로 삼는 홍범洪範을 창시한 기자의 조선 통치 시기를 문명 통치기로 간주하고 나머지 시기, 곧 불교를 국교로 삼았던 삼국시대나 고려시대를 비문명의 통치기로 규정하는 이러한 인식은 물론 유교 문명의 보편성과 이상성을 확신하는 율곡의 시각이 반영된 역사 평가다. 또한 이러한 맥락에서 건국 이념으로 유교, 그것도 주자학적 유교를 채택한 조선이야말로 기본적으로 왕도정치의 가능성을 보유한 왕조이고 이 점에서 이전 왕조들과는 질적으로 차원을 달리한다. 그러나 조선이 이와 같이 왕도정치의 가능성을 보유하고 있음에도 불구하고 건국 이후 아직까지 이렇다 할 만한 치적을 거두지 못하고 있는 것은 결국 성군과 진유가 서로 만나지 못했기 때문이라는 것이 율곡의 진단이다.

율곡은 기본적으로 인간을 제외한 나머지 요소들은 치세와 난세를 결정짓는 데 있어서 부차적인 것들로 취급한다. 예를 들어 '시대가 달라서⋯' 식의 표현은 율곡에게 성립되지 않는다. 시대가 문제 되는 경우는 하나다. 즉 특정 일을 수행할 인간이 존재하는가 아닌가 하는 경우다. 결국 아무리 도道가 중요하다고 해도 도를 실천하고 확충하는 것은 인간, 곧 '인능홍도人能弘道'[200]라는 유교 보편의 명제를 율곡 역시 충실히 준수하고 있는 것이다.

이와 같이 인간적·주체적 실천을 강조하는 율곡은 선조가 왕도정치를 구현하겠다는 목표를 설정하고(입지) 힘써 실천한다면(무실) 당대의 조선은 분명 왕도정치를 펼칠 수 있고, 펴야 하는 시기라고 전망한다. 율곡은 선조라는 성스러운 군주가 존재하고 이전과 같은 간신배들이 존재하지 않는다는 두 가지 조건으로 보건대 그것이 가능하다고 진단하고 있다. 그런데 《동호문답》은 기본적으로 선조를 독자로 상정한 글이다. 따라서 《동호문답》의 전체 구도를 고려할 때 이 말은 바로 앞으로의 자신의 제안과 행보에 대해 선조의 전폭적인 지지와 신뢰를 당부하는 말이다.

(2) 수기치인과 무실

율곡은 7~11장을 통해 집권 초 선조 앞에 놓인 조선 사회의 긴급한 사안을 제시하고, 이에 대한 해결 방향을 제안하고 있다. 이는 《동호문답》을 통해 애초에 의도했던 바이기도 하다. 그것은 한마디로 수기치인修己治人적 무실론務實論으로 압축된다. 여기서 우리는 율곡이 주자학적 수기치인의 정치학을 마음껏 피력하고 있는 점을 확인할 수 있다. 즉 여기서 대표적인 조선 전기 주자학자로서의 율곡의 진면목을 확인하게 된다. 나아가 율곡을 통해서 역으로 주자학이 왜 종전의 도교와 불교를 허학虛學이라고 비판하면서 주자학을 실학實學이라고 규정했는지, 또 후일 조선 후기에 등장한 실학이 왜 한편으로는 탈주자학적이면서도 다른 한편으로는 주자학의 내재적 변용일 수밖에 없는지에 대해 이해하게 될 것이다. 나아가 궁극적으로는, 근대 문명의 중심에 있는 오늘날 우리가 직면한 도덕과 정치의 분리 경향, 사람과 제도의 분리 경향에 따른 문제가 무엇인지, 그리고 어떻게 그것을 극복할 수 있는지를 16세기 조선의 현실 문제를 진단하고 처방하는 율곡의 사유 속에서 간접적으로 시사받을 수 있을 것이다.[201]

ㄱ. 수기와 무실

 유학사에서 주자학의 공헌은 한편으로는 이기론理氣論의 창안으로 기존 유교의 형이상학적 논리의 부재를 메웠다는 데 있다. 더불어 다른 한편으로는 수기론修己論을 심화함으로써 기존 유교가 '양민과 교화'로 집약되는 치인治人의 전제로 통치자의 자기 성찰을 무엇보다 강조했음에도 불구하고 그것의 체계적인 이론화 작업을 수반하지 못했던 약점을 메웠다는 것을 들 수 있다.

 율곡 역시 통치자의 자기 성찰, 자기 각성을 무엇보다 중시하는 주자학자답게 먼저 군주의 수기에 대해 논한다. 그의 특징은 '무실이 수기의 요체'라는 논지에서 바로 확인할 수 있다. 선조의 수기 노력이 공허한 성격을 띠지 않도록 내용 없는 수기는 수기가 아님을 선언하고 있는 것이다. 율곡의 수기론은 크게 입지와 무실로 구성되어 있다. 즉 수기는 무엇보다 왕도정치를 실현하겠다는 확고한 입지에 있다. 이때 율곡이 제시하는 왕도정치에 대한 입지의 세부 항목은 ① 궁리진성窮理盡性, 곧 이치를 궁구하고 본성을 다함, ② 신민新民, 곧 백성을 새로운 인간형으로 만듦, ③ 형우과처刑于寡妻, 곧 아내에게 모범이 됨, ④ 모자토계茅茨土階, 곧 검소한 생활을 함, ⑤ 박시제중博施濟衆, 곧 널리 베풀어 백성을 구제함, ⑥ 수명예악修明禮樂, 곧 예악을 닦아 밝히는 것이다. 왕도정치를 궁극적인 목표로 삼을 때 세부 목표를 이와 같이 설정하는 율곡에게서 원시 유교적인 사유(③, ④, ⑤, ⑥)뿐만 아니라, 동시에 무엇보다도 주자학적 사유의 기초를 확인할 수 있다(①, ②). 세부 목표의 출발점인 '궁리진성'과 '신민'은 《대학大學》의 삼강령三綱領인 '명명덕明明德, 신민新民, 지어지선止於至善'에서의 앞의 두 강령이기 때문이다. 즉 '궁리진성'은 삼강령에서는 '명명덕'에 해당하고 《대학》의 8조목에서는 '격물치지格物致知'에 해당하는 것으로, 주자학에서 가장 완성된 형태로 보는 수기치인적 완성의 가장 기초가 되는 것이자 출발점이 되는 것이다.

이 점은 바로 이어지는 율곡의 무실론의 구도에서도 증명된다. 율곡의 무실론의 구도 역시 《대학》의 8조목과 유사한 구성을 취하고 있다. 《대학》의 8조목이 '격물치지·성의·정심正心·수신·제가齊家·치국治國·평천하平天下'의 구성을 취하는데 무실론 역시 '격물치지, 성의, 정심, 수신, 효친, 치가, 용현, 거간, 보민, 교화'의 구성을 취하고 있는 것이다. 물론 율곡의 강조점은 이러한 주자학적 구도에만 있는 것이 아니다. 그는 실질적인 무실의 효과를 거두기 위한 내용을 설명함에 있어서도 역시 주자학적 논리를 충실히 따르고 있다. 율곡에 따르면 그것은 다음과 같다. 즉 격물치지는 의리義理·시비是非·사정邪正·득실得失을 추구하는 것이다. 성의는 진실로 선을 좋아하고 악을 싫어하는 것이다. 정심은 과불급過不及이 없는 체용體用의 중용을 실천하는 것이다. 수신은 몸가짐을 바르게 하고 예禮를 실천하는 것이다. 효친은 대비와 대왕대비를 매사에 정성스럽게 우러러 모시는 것이다. 치가는 몸소 가르침을 실천하고 공경으로 통솔하고 엄숙함으로 임하고 자애로움으로 어루만지는 것이다. 용현은 인재를 널리 구하되 정밀하게 살피고 밝게 시험하여 뽑되 확실히 신임해야 하는 것이다. 거간은 거슬리는 말을 하지 않는 자에 대해 바르지 못한 자가 아닌지 살펴보아야 하는 것이다. 보민은 생민生民의 부모 된 마음으로 백성들을 갓난아이처럼 돌보는 것이다. 교화는 삼강三綱이 바로 서고 구주九疇가 실행되도록 하는 것이다. 율곡은 이렇게 할 때 무실이 이루어진다고 보았다.

ㄴ. 치인과 무실

율곡은 당시 조선에서 중요한 치인의 범주를 안민정책, 교육정책, 그리고 정명정책 곧 '역사 바로 세우기'의 범주로 나누었다. 치인의 이 세 범주는 원시 유교에서부터 강조되던 고전적인 범주로서 그것의 구체적인 내용은 항상 시대에 따라 달라질 수밖에 없다. 그리고 그렇게 할 때 '치인의 무실화'가 실천되는 것이다. 물론 율곡은 스스로 지극히 조선적인 문제의 핵심 속에서 문제를 제기하고 대안을 제시했다는 점에서 누구보다도 앞장서서 '치인의 무실화'를 실천한 인물이다.

첫째, 율곡은 선조 임금이 급선무로 실천해야 할 치인의 내용으로 먼저 용현과 용현된 대상을 절대적으로 신뢰하는 것을 꼽았다(8장). 율곡에 따르면 정치의 관건은 최고 권력자가 적임자를 적재적소에 임명하여 그들에게 실무의 총책을 맡길 수 있는지에 달려 있다. 그런데 현재의 선조는 단지 경연 석상에서만 신하들과 현인들을 만나는데다가 그나마 엄격한 형식을 취하고 근엄하게 하여, 신하들이 무리를 지어 형식적으로 군주와의 만남을 가질 뿐 진솔한 자신들의 주장을 전달할 수가 없다. 따라서 선조는 우선 군신 간의 형식적인 만남의 관행을 고치되 번거로운 절차를 생략하고 경연 자리 외에도 유신儒臣들과 자주 만나 여러 정치적 사안들을 의논함으로써 신하들의 자질도 파악하고 정치적 현안들도 깊이 있게 파악해야 한다. 그리고 현인을 알아보는 문제는, 군자의 말은 이치를 따르고 사리가 곧기 때문에 진실로 군주가 욕심만 없다면 이것을 판별하지 않으려 해도 판별할 수밖에 없다고 본다. 결국 율곡은 앞의 수기 논리를 치인에서 첫 번째로 제시되는 용현의 전제 조건으로 다시 한번 강조하는 것이다.

둘째, 안민정책에서 율곡이 선조에게 시급한 개혁 과제로 제시한 것은 그릇된 과세제도(일족절린), 불합리한 공물 진상(진상번중), 이서들의 공물 대납에 의한 폭리 추구(공물방납), 국역 불균형 현상(역사불균), 그리고 지방 하급 관료의 부정부패와 대민 수탈(이서주구)을 근절하고 바로잡는 일이었다. 율곡은 세금과 부역 부담자가 도망갔을 때 이 부담을 일족과 이웃에게 전가하는 일족절린의 폐단은 연좌제와 다름없으므로 폐지하고 본인에게만 부담시키는 것으로 한정해야 한다는 대안을 제시했다. 국가에 진상하는 물품의 과도함으로 생긴 진상번중 폐단은 국가에 긴요하지 않은 품목들에 대해서는 진상의 관행을 폐지하는 것으로 바로잡아야 한다. 아전들이 국가에 공물을 대납한 다음 강제로 백성들로부터 폭리를 취하는 공물방납은 전답 1결당 1두씩만을 징수하는 공물법을 참작하여 고쳐야 한다. 국가에 바치는 부역의 불균형으로 생업에 지장을 주는 역사불균은 국역자들의 생업과 휴식이 가능한 방향으로 개선해야 한다. 아전들이 불법적으로 백성들에게서 뇌물을 수취하는 이서주구의 경우, 불법을 저지른 이서 가족을 모두 북방 지역으로 강제 이주시키되, 그 전에 아전들이 불법을 저지를 필요가 없게끔 기초적인 생계가 가능한 수준의 급료를 지불해야 한다.

셋째, 당시의 교육정책과 관련해서는 지방 기초교육, 중앙 고등교육, 인사 선발제도에 걸쳐 문제점을 지적하고 개선책을 제안했다. 지방 기초교육의 문제점으로는 특히 교사의 자질 부족으로 인한 교육 부실을 가장 큰 문제로 꼽았다. 그런데 이때 교사의 자질 부족은 사실상 교사인 훈도에 대한 당시의 열악한 처우에 기인한 바가 크고, 그렇기 때문에 훈도에게 충분한 사회적 명예와 경제적 대우를 보장해야 한다고 했다. 중앙 고등교육의 상징인 성균관의 경우 학문이 무엇인지도 모르고 영리만 추구하는 원생들의 경향이 가장 고질적인 문제인데, 이를 바로잡기 위해서는 한편으로는 원생을 선발할 때 문장력 위주로 선발하는 방식을 수정하여 도덕적 인품도 평가 항목에 넣어야 하며, 원생의 평가에 있어서도 식당 출결을 기준으로 하는 원점圓點 제도를 개선해야 한다. 마지막으로 인재 등용 제도는, 과거시험에만 의존할 것이 아니라 학행과 덕행이 뛰어난 자에 대해서는 별도의 등용 기회를 마련해주고, 과거 시험에서도 중앙의 인물들만이 아니라 지방의 인물들도 고루 선발될 수 있도록 배려해야 한다. 또한 나이가 많은데도 재주가 미치지 못하는 유생이나 업유들은 도태시켜 군대에 충원시켜야 한다.

넷째, 치인 차원에서 율곡이 선조에게 마지막으로 제안하는 구체적인 무실정책은 정명으로, 그릇된 '위사공신' 명칭과 관작을 삭제, 삭탈해야 한다는 것을 말한다. 즉 을사사화의 주역들인 정순붕·윤원형·이기·임백령·허자 등이 사사로운 욕심으로 사직을 위기에 빠뜨려 '위로는 조종의 영혼이 불안하고 아래로는 조야가 분통에 빠지는 일'을 저질렀음에도 스스로를 공신이라 칭하고 지금까지 그 명칭과 지위가 존재하는 폐단을 바로잡아야 한다는 것이다. 율곡은 충신들이 역적이라고 배척되고 간신의 괴수가 공신으로 기록되는 상황에서는 어떤 일도 도모할 수 없다고 본다. 따라서 먼저 죄인들의 죄를 폭로하고 공신직과 관작을 삭탈하는 한편 죄 없는 사람들을 모두 사면하여 정명해야 한다고 주장한다. 이것이야말로 유신維新 정치가 시작되는 길이다. 즉 율곡은 '역사 바로잡기' 혹은 '과거사 청산'을 제안했던 것이다. 정명은 모든 명칭의 사회적 가치 배분을 위한 언어적 약속을 의미하는 것으로, 질서의 기초다. 그렇기 때문에 공자 역시 정치를 하게 되면 무엇부터 하겠느냐는 제자 자로의 질문에 "반드시 정명부터 하겠다"고 답하고서, "이름이 바르지 않으면 말이 따를 곳이 없다. 말이 따르지 못하면 일이 이루어지지 못한다. 일이 이루어지지 못하면 예악제도가 흥기하지 못한다. 예악제도가 흥기하지 못하면 형벌이 공정하지 못하다. 형벌이 공정하지 못하면 백성이 수족을 둘 곳이 없다"[202]라고 말했던 것이다.

4. 선조 대 율곡

율곡은 《동호문답》의 서두에서부터 왕도정치의 조건으로 성군과 진유가 만나는 경우와 군주가 스스로 성군은 못 되더라도 진유를 등용하여 정치를 맡기는 경우, 이렇게 두 가지 경우를 들었다. 어느 경우든 결국은 진유의 등용을 강조하는 것이다. 즉 용현과 그 용현에 대한 절대적 신임을 강조하는 것이다. 그리고 여기에는 율곡 자신에 대한 선조의 등용과 절대적 신임을 당부하려는 의도가 깔려 있음을 이미 말한 바 있다. 율곡의 구상이 성공하려면 선조가 그를 절대적으로 신임하고 그의 정책 제안을 전폭적으로 수용해야 하기 때문이다.

그렇다면 당시 군주 선조와 신하 율곡의 관계는 실제로 어떠했는가?203 율곡의 관직 생활 거의 대부분을 그리고 선조의 재위 전반기 대부분을 함께했던 두 사람의 관계는 서로에 대해 매우 복잡하고도 미묘한 이중적인 감정을 내포한 관계였다고 할 수 있다. 앞에서 본 율곡 사망 기사나 율곡 말년의 관직 이력을 평면적으로만 보면 선조가 율곡을 아끼고 신임했던 것처럼 생각하기 쉽다. 그러나 양자의 관계는 애증이 교차하는 복잡한 관계였다.

율곡에 대한 선조의 감정은 양가적인 것을 넘어 변덕스럽다고 해야 할 정도였다. 선조는 대체로 학문이 뛰어나고 현인이라는 평판을 받는 인물들을 등용하여 수기와 치인에 관한 말을 듣고 싶어 했고, 또 실제로 즐겨 들었지만 이들의 건의를 실천하려 하지는 않았다. 율곡에 대해서도 예외가 아니었다. 선조가 볼 때 율곡은 "크게 등용할 만한 사람이지만 언론이 너무 과격한" 인물이었다. 나는 본서 '들어가는 말'에서 선조가 율곡이 바친 《동호문답》을 읽고 한나라 문제에 대해 율곡과 주고받은 대화를 소개한 바 있다. 이때 선조는 문제를 자포자기한 군주라고 묘사한 것에 대해 질문하고, 율곡은 한 문제가 능력이 되는데도 그 능력에 맞는 이상을 갖지 않았기 때문이라고 대답했다. 이 대화의 후속 부분을 《경연일기》의 내용을 중심으로 더 소개하면 율곡에 대한 선조의 감정의 일면을 알 수 있다. 이때 선조는 재반박하기를, 한 문제가 고도古道를 회복하지 못한 것은 경적도 불에 타 없어지고 현명한 신하도 없었기 때문으로, 이것은 문제의 잘못이 아니라고 했다. 그러자 율곡은 문제는 큰 뜻이 없어 매번 저급한 논의만 좋아했으니 문헌이 있었더라도 어찌할 수 없었을 것이라고 단언했다. 어쨌거나 이 대목은 선조 자신이 성군이 아니라면 신하인 율곡 역시 진유가 아니라는 의미를 간접적으로 전달하고 있다.

이러한 태도는 율곡의 관직이 높아질수록 강도가 더해갔던 것 같다. 선조 8년(1575)에 율곡을 비롯한 관료들에게 선조는 "나는 대신들을 지성으로 대우하고 군신群臣을 붕우같이 여기는데 지금 군신들은 나를 혼군昏君과 용주庸主로 대우하니 내가 어찌 감히 얼굴을 들고 경들을 보겠는가?"라고 하면서 자신을 낮게 평가하는 관료들에 대해 불만을 토로했다. 선조는 당시 신하들의 요구가 지나치다고 생각했고 그 선두에 율곡이 있다고 생각했던 듯하다. 그것은 선조 9년(1576) 율곡이 사직하고 파주로 돌아가 있을 때 당시 영의정 박순이 율곡의 어질고 재주 있음을 들어 그를 다시 부르라고 여러 차례 천거하자 돌아온 선조의 답변에서 잘 드러난다. 그

답변은 "〔한나라〕 가의賈誼는 글을 읽어 말만 능할 뿐 사실 쓸 만한 인재는 아니었다. 한나라 문제가 가의를 등용하지 않은 것은 참으로 소견 있는 행동이다"라는 것이었다.

전반적으로 율곡이 선조에게 선조의 구체적인 행위의 그릇된 점을 논박하는 경우가 많아 선조가 이에 대해 못마땅해 하거나 분노하는 경우가 적지 않았지만, 시간이 지나면서 선조가 자신의 뜻을 거두거나 율곡의 뜻을 따르는 경우 역시 적지 않았다. 또한 신하들 사이에 갈등이 있어 율곡이 탄핵을 받을 때도 선조가 율곡을 두둔하는 경우가 적지 않았다. 그러나 선조는 율곡의 근본적인 정책 제안에 대해서는 시기상조라 하며 대체로 취하지 않았다. 그것은 선조 11년(1578)에 자신을 대사간에 임명하고 부르는 선조에게 율곡이 "전하께서 만일 저를 쓸 수 있는지를 아시려면 저에게 시사時事를 먼저 물어보신 후 신臣의 말을 쓰실 수 없으시면 원하옵건대 다시는 저를 부르지 마시옵소서"라고 한 데서도 잘 드러난다.

선조에 대한 율곡의 감정 역시 양가적이었다. 이는 《동호문답》에도 잘 나타나 있다. 즉 율곡은 선조에 대해 한편으로는 왕도정치를 이룰 수 있는 자질을 지닌 성스럽고 밝은 군주라고도 하면서도(6장), 다른 한편으로는 선조가 경연에서조차 신하들을 줄지어 나아갔다가 떼 지어 들어오게 하는 식으로 형식적으로만 대할 뿐 진심으로 면면의 총찰에 대해 평가할 의사가 없음을 질책했던 것이다. 다른 자료, 특히 군신이 직접 대면하여 서로의 생각을 주고받는 모습이 묘사된 《경연일기》의 기록은 더욱 적나라하다. 《동호문답》을 제출하기 7개월여 전인 선조 2년 2월에 그는 "주상이 처음 즉위해서는 매우 영명하여 온 나라가 성덕의 성취를 바랐는데[204] 얼마 되지 않아 세속적인 말들이 날마다 군주 앞에서 떠들어서 주상의 생각도 이미 세속의 소견에 젖었다…그리하여 이황이 경연에서의 건의나 상소를 통해 매번 주상에게 성현의 학문으로 권면해도 주상은 대답만 잘할 뿐 실행하지 않는다"라고 적고 있다. 율곡에게 비친 선조의 이러한 모습은 그의 관직 생활 내내 일관된 것이어서 그에게 기대와 실망을 반복적으로 안겨준다. 그리고 그것은 반복적인 출사와 퇴사로 나타났다.

율곡은 선조에 대해 실망하면서도 기본적으로 그에 대한 애정을 버리지 못했다. 그것은 그의 이런 태도에 대해 평생의 지우 성혼成渾이 우유부단하다고 비판하자 그가 "주상이 거상 중에 선심善心을 보이는 발단이 지난날과 다르다. 그래서 아직 머무르면서 정성을 다하여 만에 하나라도 다행을 바라는 것이다. 군자가 세상을 잊겠다고 작정했다면 몰라도 이 세상에 뜻이 있다면 음기 중에 양기가 나오려는 이때에 어찌 기회를 잡을 수 없겠는가?"라고 하거나 "천박한 정성으로 순월旬月 사이에 효과를 기대하다가 뜻과 같지 않다고 갑자기 물러가려 하는 것도 신하의 도리가 아니다"라고 한 데서도 잘 드러난다. 그러나 근본적으로 왕도정치를 구현할 의사가 없는 선조에게 계속 기대만 하고 있을 수는 없었다. 그것은 유자의 출처관에도 어긋나는 것이었다. 어느 날 경연 석상에서 율곡은 맹자가 제 선왕에게 했던 질문을 선조에게 그대로 던졌다. "지금 민생이 곤궁하고 기강이 문란하여 온 나라가 다스려지지 못함이 심한데 가령 맹자가 주상께 어떻게 하시겠느냐고 묻는다면 주상은 어떻게 대답하시겠습니까?" 그러나 선조는 대답이 없었다. 이에 율곡은 선조가 왕도정치를 추구할 뜻이 없다고 판단하고 사직을 결심한다.

율곡 말년에는, 앞의 《조선왕조실록》 인용문에서 보았듯이, 선조가 그를 전폭적으로 신임했던 듯하다. 그러나 이때는 이미 율곡의 병이 깊어 돌이킬 수 없는 상태였다. 만시지탄晩時之歎.

5. 율곡과 한국 지성사: 도덕과 정치, 사람과 제도의 조화

율곡은 정치인으로서도 훌륭했다고 평가할 수 있다. 정치인의 자기수양론, 민생정책, 교육정책, 인사정책, 국방정책, 언론정책… 모범적인 조선 정치의 모습을 들자면 그의 치적이 아닌 것이 없다.

그러나 율곡의 영향력은 정치가로서보다는 사상가로서 그리고 학자로서의 그에게서 훨씬 더 강력하다. 그의 학문과 사상은 16세기 당대는 물론 한국 지성사에서 하나의 산맥을 이루고 있다. 먼저 이기일원론으로 대표되는 기호성리학의 종주, 성학론으로 표현되는 수기적 군주론의 고전적 지식인, 치인적 경세론의 선두주자 등의 율곡의 위상은 그를 조선 주자학의 거봉巨峰으로 만들었다. 그러나 율곡의 영향력은 조선 주자학의 세계에서 그치는 것이 아니다. 무실을 핵심으로 하는 그의 수기치인의 정치학은 후일 그를 실학의 비조鼻祖로 자리매김하게 만들었으며, 더 후대인 1900년대 초 애국계몽기에 그를 독립운동의 하나였던 실력양성운동론의 토대를 제공한 인물로 자리매김하게 만들었던 것이다.

그렇다면 오늘날 율곡의 수기치인론은 어떤 의미를 지닐 수 있을까? 그것은 두 가지로 압축될 수 있을 것 같다. 즉, 도덕과 정치의 조화, 사람과 제도의 조화가 그것이다. 율곡의 용어로 다시 표현하자면 수기와 치인의 조화, 용현과 변통變通의 조화가 그것이다.

근대인들은 도덕과 정치의 분리를 근대의 성과로 간주한다. 동시에 이익과 도덕도 분리하고, 대신 이익과 정치를 연결한다. 그리고 그 공을 마키아벨리에게 돌린다. 마키아벨리의 이름 아래, 이익 투쟁이 정치이고, 그러다 보면 부정도 있고 부패도 있을 수 있는 것이 정치라고 간주한다. 그러나 이것은 엄청난 오해이고 잘못이다. 마키아벨리가 분리한 것은 엄밀히 말해서 '근대 정치'와 '중세 도덕'이지, 그가 본원적인 도덕과 정치 자체를 분리한 것이 아니었다. 도덕과 정치는 무관할 수 없다. 또 이익과 도덕은 무관할 수 없다. 인간이 정치라는 행위를 빌려 공동체 생활을 시작한 것 자체가 도덕적인 행위이고 이익을 위한 행위다. 도덕과 분리된 이익, 도덕과 분리된 정치란 존재 의미가 없다. 왜냐하면 그것은 궁극적으로 무질서와 파괴를 낳고 결국은 이익과 정치 자체도 무존재로 만들어버리고 말기 때문이다. 조선 주자학은 이 점을 가슴 깊이 깨닫고 있었다.

그런데 좋음(善)을 추구하는 도덕적 정치는 궁극적으로 좋음을 추구하는 도덕적 정치인의 결과다. 정치인의 도덕성과 정치 행위의 도덕적 과정 및 결과는 결코 분리될 수 없다. 바로 이 지점에 조선 주자학의 수기修己가 있고 치인治人이 있다. 조선 주자학은 수기 곧 정치인의 도덕성과 치인 곧 정치 과정의 도덕성의 합일을 통해 '좋은 공동체' 건설을 목표로 했던 것이다. 오늘날 도처에서 목격되는 정치인의 부정부패 그리고 그로 인한 정치에 대한 불신 풍조와 회의는 본성적으로 '정치적 동물'일 수밖에 없는 인간을 이러지도 저러지도 못하는 아노미 상태에 빠뜨렸다. 이것은 다름이 아니라 '도덕적 본성'과 '정치적 본성'을 동시에 지닌 인간의 숙명을 애써 부정한 결과다. 이 문제의 본질적인 극복을 위해 율곡은 조선 주자학적 수기치인론의 선구자로서의 길을 걸었던 것이다.

근대 정치 문명의 또 다른 문제 하나는 수기와 치인의 문제와 직결되는 것으로서, 사람의 문제를 경시하고 제도적인 부분만을 강조하는 경향이 강하다는 것이다. 제도나 절차는 매우 중요하다. 그러나 그 제도나 절차를 운용하는 주체는 어디까지나 인간이다. 따라서 바람직한 인간 주체의 형성과 이를 통한 적임자 선발, 그리고 이를 통한 제도의 운용은 바람직한 제도의 강구와 구비만큼이나 중요하다. 오늘날 근대의 엄청난 성과였던 민주주의가 형식적 민주주의, 절차적 민주주의에만 머물고 있는 한 더 이상 근대 출범시의 이상을 구현하는 것과는 거리가 멀고, 따라서 질적 민주주의 논의가 부상하는 것도 우연이 아니다. 율곡은 "좋음의 정치는 이를 지향하는 훌륭한 정치가의 입지立志와 그 입지의 제도적 실천에 달린 것"으로, "제도적 구비를 통한 제도적 실천 자체가 풍속을 바꾸고 사람의 마음을 바꾸어 선한 의지를 갖게 하는 것"이라고 했다. 용현用賢과 변통變通의 조화를 강조하는 율곡의 논설, 곧 사람과 제도, 제도와 사람의 필연적 상호 공존의 원리를 확인하고 확신하는 그의 논설 속에서 우리는 오늘날의 문제를 개선할 실마리를 찾을 수 있을 것이다.

주

1   우리 선조들에게는 위대한 인물에 대해 아랫사람이나 후대 사람이 이름을 부르는 것을 조심스럽게 여기는 전통이 있었다. 위대한 인물의 이름을 자신과 대등하게 부르는 것을 '버릇이 없다'거나 '외람되다'고 생각했다. 따라서 호號라는 것을 지어 이름 대신 자유롭게 부르곤 했다. 지금 어른이나 윗사람의 이름을 그냥 부르지 않고 직함이나 역할을 붙여 부르는 것도 이러한 전통의 유산으로서 서양과 다른 우리만의 특징 중 하나다. 겸손한 미덕을 나타내는 아름다운 우리 전통이라 생각되어 까마득한 후학인 나도 이후 '이이'라는 이름보다는 '율곡'이라는 호를 사용하고자 한다.

2   동호東湖란 지금의 성동구 옥수동 어귀의 한강을 말한다. 도성에서는 한강을 동·남·서 세 방향에 따라 달리 불렸기 때문에 그 이름이 다 달랐다. 즉 옥수동 앞은 동호, 용산 앞은 남호南湖, 마포 어귀는 서호西湖로 불렸다. 세 곳 모두 독서당을 가지고 있었는데 그중에서도 중종 12년(1499)에 건축된 '동호독서당'은 비교적 늦게 만들어졌음에도 이후 70여 년간 조선시대 최고의 문사 양성 기관으로 이름을 떨쳤다. 조광조·주세붕·이황·노수신·심의겸·정철·이이·유성룡·이항복·이덕형 등 조선시대에 명성을 날린 많은 문신들이 이

곳 출신이다. '동호독서당'은 임진왜란 때 불에 타서 없어졌다. 이후 다른 곳에 임시로 설치돼 겨우 명맥만 유지되었으나 숙종 이후에는 그것마저 유명무실해졌다고 한다.

3 《선조실록》, 선조 2년 9월 25일조.

4 《동호문답東湖問答》원문에서는 각 장章의 논제가 장의 말미에 기재돼 있으나 여기서는 독자의 편의를 위해 이를 맨 앞에 한 번 더 기재했다.

5 중국 고대의 다섯 제왕. 복희伏羲·신농神農·황제黃帝·요堯·순舜을 지칭하기도 하고 황제·전욱顓頊·제곡帝嚳·요·순을 지칭하기도 한다.

6 일반적으로 하夏의 우禹, 은殷의 탕湯, 주周의 문文·무武·주공周公을 말한다.

7 나는 《맹자》(책세상, 2002)를 번역할 때 맹자 역시 원출전인 《서경書經》의 맥락을 그대로 따른다고 보아 이 구절을 '군주와 군대'로 번역한 바 있다. 그러나 여기서는 '군주와 스승'의 의미로 이해해야 할 것이다. 율곡의 유교는 이미 이를 '군주와 스승'으로 해석하는 주자학적 사유 속에서 진행되고 있기 때문이다.

8 해[日]·달[月]·물[水]·불[火]·나무[木]·쇠[金]·흙[土]을 말한다.

9 비 오고[雨], 빛나고[暘], 따뜻하고[燠], 춥고[寒], 바람 부는[風] 것을 말한다.

10 천자 탕의 손자인 태정의 아들. 군주의 자리에 오른 뒤 초기 3년간은 방탕하여 재상인 이윤에게 동 땅으로 추방당했다가 이후 잘못을 뉘우치고 복귀하여 선정을 펼쳤다.

11 무왕의 아들. 어린 나이에 군주가 되자 숙부인 주공周公이 섭정하여 선정을 펼쳤다.

12 은나라 초기의 명재상. 탕의 혁명 정권이 성공하자 요순시대의 실현을 자임自任하면서 정권에 가담했고, 은 왕조 초기 정권의 안정에

크게 기여했다. 이름은 집執.

13 무왕의 아우로 성왕을 보필하여 7년 동안 섭정했는데, 공평무사한 마음으로 주나라의 예악, 곧 문물과 제도를 확립시켰다. 이름은 단旦.

14 진晉이 전성기를 누리던 때의 군주로, 이른바 춘추 5패覇 중 하나다. 이름은 중이重耳.

15 진나라 군주. 강국 초나라가 정鄭나라를 침략하자 11제후국과 동맹해 정나라를 도와 초나라를 굴복시켰다. 이름은 주周.

16 한나라 초대 임금. 성명은 유방劉邦.

17 한나라 제5대 군주로 고조의 둘째 아들. 이름은 항恒.

18 무언無言의 정책이라고도 하는데, 구체적으로는 인두세 감면, 가혹한 형벌 폐지, 흉노 화친 정책 등을 말한다.

19 당나라 제2대 군주. 고구려를 침략한 임금. 이세민李世民.

20 송나라 건국 군주. 조광윤趙光胤.

21 후양後梁, 후당後唐, 후진後晉, 후한後漢, 후주後周.

22 이름은 소백小白. 포숙아鮑叔牙와 관중管仲을 기용하여 춘추오패 가운데 한 군주가 되었다.

23 성명은 유비劉備. 자는 현덕玄德. 촉한蜀漢을 건립했다.

24 춘추 시대 제나라의 이름난 재상. 이름은 관이오管夷吾.

25 자는 공명孔明. 촉한의 군주 유비의 명재상.

26 한나라 소제후 집권 시 15년간 재상을 역임했다. 형벌 통치를 주장하여 한비자韓非子의 사상에 영향을 주었다.

27 한 제후의 아들. 법치주의 저서 《한비자》의 저자로 진시황의 법치에 이론적 토대를 제공했다(기원전 280?~기원전 233).

28 하나라 마지막 군주. 폭군. 이름은 이계履癸.

29 은나라 마지막 군주. 폭군. 이름은 수受 혹은 제신帝辛.

30 주나라 군주. 포악한 정치를 하다가 쫓겨났다. 이름은 호胡.
31 수나라 제2대 군주로 고구려를 치다가 을지문덕에게 대패했다. 이름은 광廣.
32 군주답지 못하고 폭정을 일삼다가 민심을 잃은 군주를 지칭하는 말이다.
33 진시황의 둘째 아들. 형을 밀치고 진시황의 뒤를 이어 군주가 되었으나 과도한 형벌과 노역 때문에 백성들이 들고일어나 결국 나라를 망하게 한 군주로 기록되었다. 이름은 호해胡亥.
34 진시황과 그의 아들 2세 치하의 정승. 환관 출신의 간신으로, 진시황 시절에도 한비자를 모함해 죽인 바 있다.
35 합종연횡책 가운데 6국(제·초·위·한·연·조)이 연합한 합종책을 말한다.
36 후한 제11대 황제(132~167). 외척의 횡포를 제거하느라 환관의 힘을 빌렸으나 이것이 이후 환관의 횡포를 허용하는 계기가 된다. 결국 167년 '당고党錮의 금禁'을 초래했다.
37 당의 제9대 황제 이괄李适(742~805). 환관 정치와 붕당 정치를 초래했다.
38 북송 제6대 황제 조욱趙頊(1048~1085). 왕안석을 재상에 임명하여 특히 부국강병을 추구하는 개혁 정책을 실시했다.
39 자는 개보介甫, 호는 반산半山. 송 신종 때의 개혁 정치가이자 학자.
40 주의 마지막 왕. 기원전 256년 진나라에 항복했다.
41 당의 군주. 873~888년 재위.
42 송의 군주. 1194~1224년 재위.
43 원래 '경제經濟'는 '경국제민經國濟民'의 준말로 '나라를 다스리고 백성을 구제한다'는 뜻이다. 오늘날은 '경제'가 '돈의 흐름'을 지칭하는 것으로 바뀌었으니 격세지감隔世之感이다.
44 《맹자孟子》〈진심盡心〉상上. "출사하지 못하면 혼자 독선하고 출사

하면 천하 사람들과 함께 겸선한다."

45 '자기 자신의 마음을 기준으로 다른 사람에게도 똑같이 적용한다'는 말로 원래 안자가 경공하게 한 말이지만 유교의 인仁 개념에 적극적으로 수용되었고 후에 주희에 의해서 성리학의 핵심적 실천 원리가 되었다.

46 전설 시대라고 하는 당의 군주. 자기 아들을 제쳐놓고 타인인 순舜에게 권력을 선양했다고 해서 순과 함께 가장 이상적인 군주로 평가받고 있다.

47 우虞나라 천자로 요에게 천자직을 선양받았고 자신 역시 우禹에게 선양하여 요와 함께 가장 이상적인 군주상으로 꼽힌다.

48 '상황에 가장 적합한 조치를 취하는 것'을 이르는 말로서 '중용의 도'와 동의어다. 공자 및 유교의 최고 윤리 덕목이다.

49 순의 신하로서 지금의 법무부 장관.

50 순의 신하로서 지금의 건설교통부 장관.

51 순의 신하로서 지금의 농림부 장관.

52 순의 신하로서 지금의 교육부 장관.

53 은의 탕 임금 때의 재상. 《서경》의 〈중훼지고편仲虺之誥篇〉 참조.

54 주나라 무왕의 아우. 이름은 석奭.

55 춘추 시대 위나라 대부.

56 당나라의 정치가. 자는 회영懷英. 당나라 측천무후의 동생 무삼사의 재위 찬탈 시도를 저지하고 바로잡았다.

57 송나라의 학자이자 정치가(1019~1086). 왕안석의 신법을 폐지했고 《자치통감自治通鑑》을 지었다.

58 미상.

59 당의 정치가(?~780). 전운사, 염철사 등 재무 업무를 담당했다. 자는 사안士安.

60 한나라의 장군으로 조선시대 무장들의 병술에도 많은 영향을 끼쳤다. 자는 옹손翁孫.
61 송나라의 정치가. 자는 집중執中.
62 은나라의 명신. 이윤과 마찬가지로 탕의 혁명 정권에 가담했다.
63 주나라 초기의 현신. 성명은 여상呂尙. 폭군 주紂를 피해 은신하다가 문왕이 일어났다는 말을 듣고 출사했다.
64 송의 성리학자. 이름은 돈이敦頤. 자는 무숙茂叔.《태극도설太極圖說》의 저자.
65 송대의 성리학자. 이름은 호顥, 자는 백순伯淳. 주희의 스승.
66 송나라의 성리학자. 이름은 이頤, 자는 정숙正叔. 정호의 아우이자 주희의 스승.
67 송나라의 성리학자. 이름은 옹雍, 자는 요부堯夫.《통감절요通鑑節要》의 편찬자.
68 송나라 성리학자. 이름은 재載, 자는 자후子厚.
69 남송의 성리학자. 이름은 희熹, 자는 원회元晦 혹은 중회仲晦. 앞에서 열거된 '북송오자'의 학문을 이어받아 이른바 주자학을 완성했으며, 이것이 조선 유학에 절대적 영향을 미쳤다.
70 제사를 담당하는 벼슬.
71 춘추 시대의 은자. 공자가 인자仁者인 줄을 알아볼 정도의 현자였으나 처사로 일생을 마쳤다.《논어論語》〈헌문편憲問篇〉참조
72 춘추 시대 초나라의 은자.《논어》〈미자편微子篇〉참조.
73 춘추 시대의 은자.《논어》〈미자편〉참조.
74 춘추 시대의 은자.《논어》〈미자편〉참조.
75 《논어》〈미자〉편. "공자께서 탄식하며 말했다. '이 세상을 떠나서 새와 짐승들과 같이 살 수는 없다. 내가 이 세상 사람들을 상대하지 않고 그 누구를 상대하리오?'"

76 춘추 시대 채나라 사람. 자는 자약子若. 공자의 제자로 공자가 그를 관직에 추천하자 '아직 자신이 없다'고 하면서 사양한 인물이다. 《논어》〈공야장편公冶長篇〉참조.

77 《맹자》〈등문공滕文公〉하下에서 진대가 맹자에게 출사를 권유하며 지금 맹자가 조금 양보하여 출사하면 왕도를 펼치든 패도를 펼치든 그것은 '한 자를 굽혀서 여덟 자를 편다'는 고사에 맞는 일이라고 설득한다. 물론 맹자는 동의하지 않는다.

78 바로 이어지는 율곡의 설명에서도 알 수 있듯이 율곡을 비롯하여 조선 주자학자들이 말하는 도학道學은 유학 중에서도 주자학을 지칭한다.

79 주희의 스승인 정호程顥, 정이程頤 형제를 말한다.

80 《이정전서二程全書》, 권 42, 〈명도선생묘표明道先生墓表〉. "周公沒 聖人之道不行 孟軻死 聖人之學不傳 道不行百世無善治."

81 격물치지格物致知, 성의誠意, 정심正心은《대학大學》의 팔조목八條目에 속하는 것들이다.

82 성명은 소역蕭繹.

83 전국 시대 사상가(기원전 372?~기원전 289?)로서 공자의 사상을 체계화하여 유교를 확립하는 데 성공했다. 저서로《맹자》가 있다.《맹자》는 한동안 금서로 취급되다가 송대 학자들에 의해 성리학적 해석의 전범이 됨으로써 다시 중요 유교 경전으로 복귀되었다. 맹가,《맹자》, 안외순 옮김(책세상, 2002)의 해제 참조.

84 왕포王布가 명을 받들고 한 고조를 만나러 갔는데 마침 고조는 걸터앉아서 여자로 하여금 발을 씻게 하면서 그를 맞이했다.《통감절요》, 권 4, '구강왕포九江王布'조 참조.

85 한 고조의 공신. 통일 전에 항우, 유방, 한신이 정립하고 있던 상황에서 그가 마지막에 유방의 손을 들어줌으로써 유방의 승리를 결정

지었다. 그러나 통일 후 유방에게 토사구팽兎死狗烹 당했다.
86 한의 경포鯨布를 말한다.
87 《맹자》〈이루離婁〉상과 《논어》〈양화편陽貨篇〉의 주희 주석 참조.
88 경제적으로만 백성을 부양하는 정치. 《맹자》에서는 왕도정치를 '양민養民과 교민教民'으로 보았는데, 여기서 양민은 왕도정치의 시작, 교민은 왕도정치의 완성이다. 이에 대해서는 맹가, 《맹자》, 해제 참조.
89 한나라 제7대 군주. 이름은 철徹.
90 한나라 무제 때의 대표적인 유학자이자 관료. 음양오행과 천인합일론적 사유를 유가에 접합시켰다.
91 한나라 무제 때 사람. 자는 장유長孺.
92 후한의 제1대 군주. 이름은 수秀.
93 최고 관직자. 후한 당시는 태위·사도·사공을 말한다.
94 후한의 제2대 왕으로 이름은 장莊.
95 국립 최고 학교. 조선의 성균관과 같은 곳이다.
96 명제 2년, 벽옹에서 노인들에게 술과 음식을 대접하는 양노례養老禮를 베풀었던 것을 말한다.
97 후주後周의 제2대 왕. 성명은 시영柴榮.
98 송 태조 조광윤은 원래 주나라 세종의 근위병 총책임자였다. 그럼에도 근위병이 반란을 일으키자 이를 진압하지 않고 그들에게 추대되어 새 왕조를 개창했다. 율곡은 이를 두고 신하가 반역한 경우라고 비판하고 있는 것이다.
99 유교에서는 우가 순의 신하로서 치수를 훌륭하게 수행했고, 그 공로로 순과 혈연관계에 있지 않음에도 불구하고 순으로부터 천자직을 선양 받아 하 왕조를 개창하게 되었다고 이해해왔다.
100 전진前秦의 제3대 군주인 세조. 자는 영고永固.
101 전진前秦 때의 승상. 자는 경략景略. 호는 횡림자橫林子.

102 당 태종 때의 재상(580~640). 자는 현성玄成.
103 폭군 주紂의 형제로 무왕이 주周를 개창하자 망명하여 조선으로 와서 고조선시대 기자조선을 건국했다고 알려진 인물. 율곡은 이를 실제 역사로 간주하여 《기자실기箕子實紀》를 썼다.
104 전지田地 제도로서 전답을 '井' 자 모양으로 구획하여 여덟 집에 나눠주어 경작하게 하고 가운데는 공지公地로 정해 모두 함께 경작하여 산물을 공납하게 했다.
105 이른바 사회 교화를 위해 여덟 가지 일을 금하는 법. 그중에서 지금은 《한서漢書》〈지리지地理志〉에 기재된 세 조항만이 전한다. 그것은 '① 살인자는 즉시 사형에 처한다. ② 남의 신체를 훼손한 자는 곡식으로 보상하게 한다. ③ 남의 재물을 도둑질한 자는 재물 주인의 노비로 삼되, 보석 시에는 50만 전을 지불하게 한다'는 것이다.
106 율곡은 한반도에 존재했던 국가들 가운데 기자조선을 가장 이상적으로 생각했던 것 같다. 그는 이러한 생각을 《기자실기》에서 체계적으로 표명한 바 있다.
107 호는 포은. 빈민, 구제책, 외교, 성리학에 특히 밝았으나 조선 건국 과정에서 개국파와 대립하다가 정적에게 제거당했다(1337~1392).
108 조선 제14대 왕(1552~1608). 재위 41년. 천수는 57세. 덕흥군의 아들로 방계에서 명종의 뒤를 이어 왕위에 올랐다. 재위 중에 임진왜란을 겪었다.
109 조선 제1대 왕(1335~1408). 초명은 성계였으나 즉위 후 단旦으로 개명.
110 조선 제4대 왕(1397~1450). 이름은 도祹. 태종의 양위로 3남이었으나 군왕이 되어 정치, 경제, 문화, 군사 등 모든 면에서 탁월한 업적을 남겼다. 율곡은 여기서 세종이 시대를 초월한 성군이나 다만 성인다운 관료를 만나지 못해 아쉽다고 평가하고 있다.

111 호는 경암敬菴. 세종 때의 문신.
112 호는 방촌厖村. 세종 때의 문신.
113 세상을 올바르게 다스리는 도리. 후세의 '세도勢道'의 뜻을 지니는 '세도世道'와 다르다.
114 조선 제5대 왕(1414~1452). 이름은 향珦.
115 조선 제9대 왕(1457~1494). 이름은 혈娎. 재위 시에《경국대전經國大典》을 반포했으며,《동국통감東國通鑑》·《악학궤범樂學軌範》등을 편찬·간행했다.
116 조선 제11대 왕. 이름은 역懌. 재위 39년. 천수는 57년.
117 조선 제10대 왕. 이름은 융懼. 재위 13년. 중종 반정으로 강제 폐위 당한 뒤 강화도에서 유폐 생활을 하다가 죽었다.
118 호는 정암靜庵. 중종 대의 정치가이자 학자. 중종에게 총애를 받아 각종 유교적 개혁 정치를 단행하고 후일 사림 정치를 여는 데 주역을 담당했으나 후일 역모로 무함을 받아 중종한테 사약을 받았다(1482~1519).
119 군주의 마음을 바로잡는 것. 곧 군주의 수기.
120 경복궁의 북문.
121 기묘사화己卯士禍를 말한다.
122 호는 지족당知足堂. 심정과 함께 기묘사화를 일으킨 주역이다.
123 호는 소요정逍遙亭. 좌의정까지 올랐으나 김안로의 탄핵으로 사사되었다.
124 조선 제12대 왕(1515~1545). 재위 1년. 30세로 요절했다.
125 명종 즉위년(1545) 소윤 윤원형 일파가 대윤 윤임 일파를 배척하면서 사림들도 크게 화를 당한 사건.
126 조선 제13대 왕(1534~1567). 이름은 환峘. 12세에 왕위에 올라 한동안 문정왕후의 수렴청정이 행해졌다. 재위는 22년. 천수는 33세.

127 자는 문중文仲. 호는 경재敬齋. 을사사화의 주모자.

128 자는 언평彦平. 소윤의 우두머리로 을사사화의 주모자. 문정왕후의 동생.

129 사실 주석조차 필요 없는 단어여야 하나, 서구중심주의에 깊이 침윤된 학계의 현주소를 알려주는 단어이기에 부연하지 않을 수 없다. 한동안 학계에서, 전통시대에는 '국國'이나 '가家'라는 단어만 있을 뿐 '국가'라는 단어가 없었고 설령 '국가國家'라고 쓴 곳이 있다고 해도 '국'과 '가'를 각각 병렬하여 기술한 것이지 현재의 정치 단위로서의 국가를 의미하는 것은 아니었다는 주장이 빈번히 나오곤 했다. 그러나 그 반론의 증거가 바로 이 구절의 표현이라고 하겠다. 여기서 율곡은 분명 현재적 의미의 '국가state'로서 '국가國家'라는 말을 쓰고 있다.

130 자는 이숙頤叔. 호는 희락당希樂堂.

131 한 고조의 신하로 소하蕭何의 뒤를 이어 승상이 되었지만 개혁하는 바 없이 무사안일주의로 일관한 관료.

132 한나라의 초대 승상으로서 한나라의 모든 제도를 창시한 인물.

133 원래는 《예기禮記》〈예운편禮運篇〉에 나오는 현실적인 모범 정치이나 율곡은 그다지 높이 평가하고 있는 것 같지 않다.

134 여기서는 《주자가례朱子家禮》를 말한다.

135 인종비인 인성왕후와 명종비인 인순왕후.

136 자는 이령耳齡. 호는 성재省齋. 성종-명종 연간의 권신. 을사사화의 주모자.

137 자는 공거公擧. 명종 때의 권신.

138 자는 이의而毅. 연산군 때의 권신. 갑자사화의 주모자.

139 여우는 의심이 많아 강을 건널 때 얼음 밑의 물소리가 들리지 않아야 건넌다는 데서 따왔다.

140 쥐 또한 의심이 많아 구멍에서 나올 때 항상 머리를 먼저 내놓고 바깥 동정을 살핀 다음 나온다는 데서 따왔다.

141 일반적으로 '소강'은 '小康'으로 기재하나 율곡은 '少康'으로 기재하고 있다.

142 《좌전左傳》 '소공昭公 4년'조.

143 자연 및 세상의 이치를 연구하고 이에 따라 인간의 본성을 다 실천하는 것. 곧 성리학적 실천을 의미한다.

144 《대학》의 삼강 중 하나로 '정치 구성원들을 새로운 인간으로 변화시키는 것'을 말한다. 그리고 이것이 곧 정치이기도 하다.

145 요임금이 이엉으로 지붕을 덮고 흙으로 층계를 쌓았던 고사를 말하는 것으로 검소한 생활을 의미한다.

146 널리 은혜를 베풀고 민중을 구제하는 것. 《논어》 〈옹야편雍也篇〉.

147 탕 임금의 삼고초려에 이윤이 드디어 관직에 나아가면서 던진 출사표다.

148 《논어》 〈위정편爲政篇〉.

149 인정仁政의 당위성을 측은지심으로 설명하는 맹자의 논리를 율곡이 빌려오고 있다.

150 한나라 동중서董仲舒에 의해 주창된 윤리 강령으로 군위신강君爲臣綱·부위자강父爲子綱·부위부강夫爲婦綱을 말한다.

151 유교의 5경 가운데 하나인 《서경》의 〈홍범편洪範篇〉에 나온 것으로 '홍범구주洪範九疇'라고도 한다. 진정한 정치는 다음의 아홉 가지 주요 업무 범주, 곧 오행五行·오사五事·팔정八政·오기五紀·황극皇極·삼덕三德·계의稽疑·서징庶徵·오복五福을 이루어야 한다는 것이다.

152 종鍾은 분량의 단위로 '만종'은 엄청난 분량을 의미한다.

153 군주가 집정 초기에 대소 정사를 신하들에게 묻는 것 또는 군주의 집정 초기를 의미한다.

154 명종의 소생이 없어서 조카의 처지로 왕위에 오른 선조이기에 그에게는 생부모, 곧 낳아준 부모가 따로 있다. 즉 중종의 7남인 덕흥대원군과 그 부인 정씨다.

155 명나라의 세종. 명나라 세종 역시 무종의 사촌동생이었다가 황제위를 이어받았는데, 황제가 된 후 친부모를 추존했다.

156 《서경》〈대우모大禹謨〉.

157 국역에 임하지 않은 장정.

158 입대하지 않고 있는 정규 병사.

159 매년 6월과 12월에 부족한 군인 수를 보충하는 일 혹은 이에 대한 보고 행위.

160 간계로 뇌물을 받거나 공금을 횡령한 죄.

161 여기서는 대국이라는 의미다. 원래 승乘은 군대의 편제로서 병거兵車 1대당 갑사甲士 3인, 사병 72인이 소속되어 있으니 만승이라 하면 병거 만 대를 보유한 나라, 곧 천자국을 말한다.

162 범법자의 온 가족을 귀양 보내는 형벌.

163 공물과 부세. 지방의 특산물을 국가에 바치던 현물세.

164 자식들의 신분이 어머니를 따르게 되어 있음을 말한다.

165 이때도 정도전이 조선 최초의 법전 《조선경국전朝鮮經國典》을 저술했다. 그래서 율곡이 이를 간접적으로 지목하는 듯하다.

166 향교의 선생으로 조선시대 정9품 혹은 종9품 교육직.

167 《맹자》〈양혜왕梁惠王〉상.

168 수신과 선행이 남보다 뛰어나 천하의 모범이 되는 것을 말한다.

169 성균관에서 식당에 출석부를 두고 스스로 둥근 점(圓點)을 찍게 하여 원생들의 출석을 확인하던 방식.

170 당시 서울에 있던 다섯 학교. 중학中學·동학東學·북학北學·서학西學·남학南學이 있었다.

171 벼슬을 하지 않는 유생.
172 봉급으로 주는 양곡.
173 성균관에서 공자에게 올리는 제사.
174 조선시대에 지방의 향교에 등록돼 있던 학생.
175 조선시대에 3년마다 정기적으로 시행된 과거 시험으로 소과, 문과, 무과가 있었다.
176 부정기 시험.
177 문무 과거 별시 중의 하나로 군주 앞에서 치르는 시험.
178 조선시대에 성균관 학생들이 응시했던 식년 문과 초시.
179 각 지방에서 치르는 1차 시험.
180 한성부에서 주관하던 별시.
181 춘추 시대 정나라의 은혜로운 정치가. 이름은 공손교公孫僑. 자산子産은 그의 자字다.
182 춘추 시대 사상가로 유가儒家의 창시자(기원전 552~기원전 479). 이름은 구丘.
183 우리나라의 향약은 원래 송나라의 〈여씨향약呂氏鄕約〉에서 유래한 것이다. 조선시대에 지방 양반 유생의 주도로 향촌 풍속의 순화를 목적으로 실시된 자치 규약이다.
184 주나라 때의 인재 등용 방식.《주례周禮》〈소학입교小學入敎〉편에서 "향삼물鄕三物로 만민을 가르쳐 빈례賓禮한다"라고 했다. 여기서 '향삼물'이란 '지방에서 교육하여 삼물三物, 곧 육덕六德, 육행六行, 육예六藝가 뛰어난 자'를 의미하는 것이니, '빈흥'이란 이들을 국학으로 천거하여 수도로 올려 보내는 제도를 의미한다.
185 도교에서 말하는 옥청·상청·태청의 삼궁三宮을 일컫는다. 현재의 삼청동에 소격서昭格署가 있었다. 현재의 동명洞名이 여기에서 유래했다.

186 여기서는 을사사화 때의 주동자 윤원형 등의 처벌이 제대로 집행되지 않았음을 말한다.
187 명종 때의 문신. 자는 인순仁順. 호는 괴마槐馬. 을사사화를 일으켰다.
188 명종 때의 문신. 자는 남중南仲.
189 죄 없는 사람을 잡아 무고하게 죄를 뒤집어씌우는 법.
190 사직을 보위한 공신들이라는 뜻으로, 소윤파의 대표인 윤원형 등이 1545년 을사사화를 일으켜 윤임 등 대윤파를 몰아낸 주동자들에게 내린 공신功臣 명칭이다.
191 당나라 사람으로 이름은 자의子儀.
192 《논어》〈자로편子路篇〉.
193 《중용中庸》, 전傳 19장章.
194 《선조수정실록》선조 17년(1584) 음력 1월 1일조.
195 이에 대한 자세한 내용은 뒤에서 재론할 것이다.
196 지금의 인사동, 관훈동, 연지동 일대다.
197 조선시대에 외국에 사신이 갈 때 공식적인 외교 활동을 기록하던 기록관으로서 정사, 부사와 함께 공식 삼사三使의 하나다.
198 예컨대 9장〈안민정책을 논하다〉편에서 '공물방납의 폐법'의 개선책으로 해주목사 시절 자신이 내놓았던 개혁안을 다시 제시한 것이 그것이다.
199 《답성호원》(책세상, 2013)을 참조하라.
200 《논어》〈위령공편衛靈公篇〉.
201 이에 대한 직접적인 언급은 이 글 말미에서 할 것이다.
202 《논어》〈자로편〉.
203 율곡과 선조의 관계에 대해서는, 아직 공식적으로 출판되지는 않았지만 매우 중요한 연구 성과가 학술발표회에서 소개된 바 있다. 강정인 교수의 《經筵日記》를 통해 본 율곡의 정치사상〉(한림대학교 한

림과학원 율곡학연구소 2004년 11월 27일 학술발표회 발표문) 가운데 특히 제4장 '왕도정치에 대한 율곡의 염원: 선조와 율곡의 갈등을 중심으로'가 그것이다. 강정인 교수는 서양 정치사상 전공 학자임에도 불구하고, 내가 아는 한, 기존의 어떤 연구보다도 더 다각적으로 그리고 깊이 있게 선조와 율곡의 구체적인 관계에 대해 접근하고 있다. 따라서 이 연구는 율곡과 선조의 정치사상을 해명함은 물론 당시의 정치사의 한 단면을 잘 보여줄 뿐만 아니라 나아가 조선 군주정 혹은 관료 정치와 유교 정치사상의 장단점을 규명하는 데 많은 시사점을 제공한다고 평가된다. 그리고 본서 해제의 이 부분에 관한 서술도 그의 작업에 많이 의존하고 있음을 밝힌다.

204 선조는 즉위 초에 경연에 자주 나와 매우 자세히 변론하거나 질문하곤 하여 학식이 얕은 강관講官은 심지어 경연에서 시강侍講하는 것 자체를 꺼렸다고 한다.

더 읽어야 할 자료들

공자의 문도들 엮음, 《논어》, 조광수 옮김(책세상, 2003)
율곡의 사상적 원천은 물론 공자다. 모든 유학자들의 사유 세계의 근저를 이해하기 위해서는 그 창시자인 공자의 사유를 함께 검토할 필요가 있다. 율곡 또한 결코 예외일 수 없다. 특히 《동호문답》의 진술 내용에는 해석본 각주에서 확인할 수 있는 것처럼 덕치德治와 예치禮治의 정치 방식을 제시한, 《논어》를 출전으로 하는 구절들이 많다. 따라서 숨은그림 찾기 하는 기분으로 《논어》를 읽으면서 16세기의 율곡, 기원전의 4세기 공자, 그리고 21세기의 독자 자신이 한자리에서 만나 대화하는 귀한 시간을 누려보았으면 한다.

맹가, 《맹자》, 안외순 옮김(책세상, 2002)
《논어》를 읽었다면 《맹자》를 읽지 않을 수 없다. 《맹자》는 《논어》의 덕치·예치에 입각한 정치론 가운데서 특히 덕치론, 곧 도덕정치론인 인정론仁政論과 사덕四德·사단四端 이론 등의 인간본성론으로 심화, 체계화한 책이다. 역사에 대해 가정을 하는 것은 옳지 않지만, 사실 《맹자》가 없었으면 《논어》의 현재적 전승도 불가능했을 것이고, 따라서 주자학의 존재도 불가능했을 것이며, 결론적으로 율곡의 사상도 존재하기 어려웠을 것이다. 특히 맹자의 '양민養民 이후 교화敎化'의 논리는 율곡에게서 '안민安民 이후 교민敎民'이라는 테제로 나타난다. 물론 이는 《동호문답》에서도 확인할 수 있는 바다.

순자, 《순자》, 장현근 옮김(책세상, 2002)

공맹孔孟의 사유를 이미 접했다면 내친김에 《순자荀子》도 읽자. 순자는 같은 유학자이면서도 《맹자》의 도덕주의적이고 주지주의적인 측면을 맹공격했다. 그러나 유학사에서 그가 공자의 예치론을 특히 심화, 체계화한 공로는 간과될 수 없다. 특히 분分 중심의 예론과 결부된 그의 존군론尊君論은 한대漢代 이후 현실 정치에서 제도화된 이론이며, 주자학의 사회학 이론에 강력한 영향을 미치기도 했다. 그리고 이러한 예론은 17세기 이후 조선 유학의 지배 담론 중의 하나가 됨으로써 율곡의 직접적인 지적 후예들의 중심 연구 과제가 되기도 했다.

미우라 쿠니오, 《인간 주자》, 김영식·이승연 옮김(창작과비평사, 1996)

율곡의 정신적 지주를 공자 외에 하나 더 꼽으라면 단연 남송南宋의 학자 주희朱熹를 들 수 있을 것이다. 율곡은 물론 조선시대 주류 사상가와 학자들은 모두 유학자이고, 그중에서도 주자학자다. 그만큼 주자학의 영향은 조선에서 절대적이었다. 조선 지성사에서 주희를 그렇게 절대적인 존재로 만든 주역들이 바로 이황-이이-송시열이라고 하겠다. 《인간 주자》는 이러한 주희를 이해하는 데 길잡이 역할을 하는 책이다. 주희를 이해하는 과정을 통해 율곡과 주희의 공통점, 차이점을 확인하기 바란다.

율곡 관련 단행본

이종호, 《율곡: 인간과 사상》(지식산업사, 1994)

율곡의 삶과 생애를 출생부터 사망까지 마치 옛이야기를 들려주듯 자분자분 그리고 쉽게 전해주는 책이다. 또 시기별로 율곡의 주요 저술들에 대한 소개를 핵심 내용을 중심으로 곁들이고 있어서 율곡 지식 세계의 개요도 음미하게 해준다. 편한 마음으로 읽다 보면 16세기 조선, 그리고 인간 율곡과 담박하고 정겨운 이야기를 나누고 온 것 같은 느낌이 들 것이다.

조남국, 《율곡의 삶과 철학, 그리고 경제·윤리》(교육과학사, 1997)

제목 그대로 율곡의 삶, 철학사상, 경제사상, 윤리사상 전반을 다룬 책이다. 사실 주자학적 용어는 조선시대에는 보편적으로 사용되었으나 지금은 거의 유통되지 않아, 밀어密語 수준인 것들이 적지 않다. 그럼에도 아직까지 한국 철학 전공자들조차 그러한 밀어를 아무런 가감 없이 그대로 쓰는 예가 적지 않았다. 이 책은 주자학적 용어와 현대적 언어의 소통을 시도하여 이러한 문제를 상당 부분 해소함으로써 독자들이 쉽게 율곡의 인식 세계로 들어갈 수 있도록 돕고 있다.

황의동, 《율곡사상의 체계적 이해: 1(성리학편)·2(경세사상편)》(서광사, 1998)

1·2권의 부제가 시사하는 것처럼 철학에서 정치·경제·사회사상까지 율곡의 전 사상 체계를 두루 다뤘다. 율곡과 관련된 주제는 모두 다룬 만큼 율곡의 사상은 물론 학문 세계 전체를 알고 싶은 독자들에게 추천할 만하다. 다만 방대한 분량과 전문 용어 때문에 입문자들이라면 숨 고르기를 한번 한 뒤에 읽는 편이 좋을 것이다.

황준연, 《이율곡, 그 삶의 모습》(서울대학교출판부, 2000)

이미 율곡의 주저 중의 하나인 《성학집요》를 중심으로 그의 사상을 논한 바 있는 [《율곡철학의 이해》(서광사, 1995)] 저자가 율곡의 생애를 아동기, 청년기, 중년기, 황혼기로 나누어 검토한 책이다. 율곡의 삶을 더듬는 전기傳記식의 글이지만 철학자의 손으로 다루어진 것이어서, 책을 덮을 즈음에는 율곡의 사상에 대해서도 적지 않은 지식이 쌓였음을 확인하게 된다. 게다가 율곡과 관련된 1차 자료와 사진들이 요소요소에 배치되어 있어 조선시대의 편린들을 직접 눈으로 보는 즐거움도 꽤 쏠쏠하다.

옮긴이에 대하여

안외순 sanahn@naver.com

1982년 이화여자대학교 정치외교학과에 진학했다. 여느 1980년대 학번들과 마찬가지로 강의실보다는 운동장과 거리와 주점에서 더 많은 시간을 보내다 학부 3학년 때 정조 원년(1776) 규장각에서 판각한 내각장본 《맹자》를 처음 접했다. 아는 글자보다 모르는 글자가 더 많았지만 큰 위안을 받았다. 노동 현장으로 진로를 결정한 친구들에게 미안해 대학원 진학을 결정하기까지 무척 고심했다. 이화여자대학교에서 석·박사 과정을 밟던 시절은 낮에는 정치학을, 밤에는 서당에서 사서삼경을 익히는 주독야독 시절이었다. 한국 전통시대의 마지막 국면인 대원군 집정기 정치권력의 성격과 관련된 연구로 석·박사학위를 취득했다.

전통의 재전유 관점에서 한국정치사, 한국정치사상, 유가정치사상을 연구해왔다. 주요 논문으로는 〈대원군 집정기 권력구조에 관한 연구〉, 〈송시열과 한국 보수주의의 기원〉, 〈유가적 군주정과 서구적 민주정에 대한 조선 실학자의 인식〉, 〈정약용의 사상에 나타난 서학과 유학의 만남과 갈등〉, 〈19세기말 조선에 있어서 민주주의 수용론의 재검토〉 등이 있고, 《근역서화징》과 《김택영의 조선시대사 한사경韓史綮》 등을 공역했다. 전통 시대 한국정치사/한국정치사상의 체계 수립을 학문적 과제의 하나로 삼고 있다.

이화여자대학교, 서강대학교, 서울대학교, 성균관대학교 등에서 한국·동양 정치사상 강의를 했고, 한국정치사상학회 회장을 지냈다. 현재 한서대학교 글로벌언어협력학과 교수로 재직하고 있다.

동호문답

초판 1쇄 발행 2005년 5월 30일
개정 1판 1쇄 발행 2023년 9월 20일
개정 1판 2쇄 발행 2025년 11월 10일

지은이 이이
옮긴이 안외순

펴낸이 김준성
펴낸곳 책세상
등록 1975년 5월 21일 제2017-000226호
주소 서울시 마포구 월드컵로23길 38, 2층(04011)
전화 02-704-1251
팩스 02-719-1258
이메일 editor@chaeksesang.com
광고제휴 문의 creator@chaeksesang.com
홈페이지 chaeksesang.com
페이스북 /chaeksesang   **트위터** @chaeksesang
인스타그램 @chaeksesang   **네이버포스트** bkworldpub

ISBN 979-11-5931-943-3 04080
　　　979-11-5931-221-2 (세트)

* 잘못되거나 파손된 책은 구입하신 서점에서 교환해드립니다.
* 책값은 뒤표지에 있습니다.